Table des matières

Module 1   Ça t'intéresse?

Unité 1   *À la télé ce soir*   6
Discussing what's on television
Using direct object pronouns

Unité 2   *On va au cinéma?*   8
Talking about films
The perfect tense

Unité 3   *Ma vie, ma musique!*   10
Describing your routine
The perfect tense of reflexive verbs

Unité 4   *Tu aimes la lecture?*   12
Talking about what you read
Using *aller* + the infinitive

Unité 5   *De quoi s'agit-il?*   14
Describing what you saw or read
Using present, past and future tenses

Bilan et Contrôle Révision   16

En plus   *Qu'est-ce qu'on regarde?*   18
Authentic texts about French television

En plus   *Deux vedettes du cinéma français*   20
Profiles of Jean Reno and Virginie Ledoyen

Mots   *Stratégie 1*   22
Checking your work

Module 2   L'avenir

Unité 1   *Qu'est-ce qu'on fera demain?*   24
Planning what you will do
The future tense with *on*

Unité 2   *Les prédictions*   26
Talking about the future
Using the future tense

Unité 3   *Que feras-tu quand tu quitteras le collège?*   28
Talking about future careers
Using *quand* with the future tense

Unité 4   *Pourquoi apprendre les langues?*   30
Why languages are important
Connectives in complex sentences

Unité 5   *Étude de cas: David East*   32
Using languages: a case study
Using some more connectives

Bilan et Contrôle Révision   34

En plus   *Le monde de l'avenir*   36
Technology of the future

En plus   *Encore des prédictions*   38
Travel in the future

Mots   *Stratégie 2*   40
Endings not beginnings

Module 3   En bonne santé?

Unité 1   *Je suis malade*   42
Talking about illness
Expressions with *avoir* and *être*

Unité 2   *Ça ne va pas!*   44
Describing injuries
More on the perfect tense

Unité 3   *Es-tu en forme?*   46
Healthy living
Using negatives

Unité 4   *La santé*   48
Understanding and giving advice
Using imperatives

Unité 5   *C'est ma vie!*   50
Understanding a complex text
Using emphatic pronouns

Bilan et Contrôle Révision   52

En plus   *Mots et maladies*   54
Colloquialisms

En plus   *Les problèmes de santé*   56
Health

Mots   *Stratégie 3*   58
Learning new vocabulary

Module 4   Il était une fois ...

Unité 1   *Quand j'étais petit(e) ...*   60
Talking about what you used to do
The imperfect tense with *je*

Unité 2   *Le sport*   62
Talking about sports you used to do
More practice with the imperfect tense

Unité 3   *Crime au château*   64
A whodunnit!
Understanding a narrative in the imperfect

Unité 4   *Qui est coupable?*   66
Who did it?
Using *qui* and *que*

Unité 5   *Deux champions olympiques canadiens*   68
A profile of two sportspeople
Understanding a range of tenses

Bilan et Contrôle Révision   70

En plus   *Autrefois et aujourd'hui*   72
Comparing the past and the present

En plus   *Les vacances*   74
Holidays in the past and present

Mots   *Stratégie 4*   76
Using different tenses

Module 5   On y va!

Unité 1   *On va en Normandie*   78
Learning about a region of France
Using adjectives

Unité 2   *Attention au départ!*   80
Travel arrangements
Using different tenses in sentences

Unité 3   *Je voudrais un hôtel*   82
Arranging hotel accommodation
Using the conditional

Unité 4   *C'était comment?*   84
A visit to an attraction
Understanding authentic texts

Unité 5   *Les 24 heures du Mans*   86
A visit to a sporting event
Using verbs with *à* and *de*

Bilan et Contrôle Révision   88

En plus   *Je dois me plaindre*   90
A letter of complaint

En plus   *Le tourisme Harry Potter*   92
A themed tour

Mots   *Stratégie 5*   94
Reading complicated texts (1)

Module 6   Les droits des jeunes

Unité 1   *Apprendre, c'est vivre*   96
Schools in different countries
Using possessive adjectives

Unité 2   *Au travail, les jeunes!*   98
Young people and work
Using indirect object pronouns

Unité 3   *Combattre la faim*   100
Discussing world issues
Understanding modal verbs in the conditional

Unité 4   *Les droits et la religion*   102
Religion in France
Giving opinions on a topical issue

Unité 5   *Les grands défenseurs des droits*   104
Human rights activists
Understanding authentic texts

Bilan et Contrôle Révision   106

En plus   *Déclaration des droits de l'enfant*   108
Children's rights

En plus   *Jeux des droits humains*   110
Human rights games

Mots   *Stratégie 6*   112
Reading complicated texts (2)

À toi   114

Grammaire   126

Vocabulaire français–anglais   150

Vocabulaire anglais–français   158

Ça t'intéresse?

1 Écoute et lis la conversation.

Maman: Alors, qu'est-ce qu'il y a à la télé ce soir?

Papa: Chouette! À 17h15, il y a le match de foot Lyon–Marseille!

Chloé: Ah, non! On ne regarde pas ça! Je veux regarder *Nouvelle star*.

Papa: Qu'est-ce que c'est?

Chloé: C'est une émission musicale, comme *Star Academy*.

Maman: À 17h30, il y a *Sous le soleil*. J'aime bien les séries.

Adrien: Oui, mais il y a aussi *Les colocataires*, à 19h. J'adore cette émission!

Papa: Ah, non! Pas ça! Je n'aime pas les émissions de télé-réalité.

Maman: D'accord. Il y a un bon film à 20h55, *Le château de ma mère*.

Adrien: Tu plaisantes! Je vais dans ma chambre!

Chloé: Et moi, j'écoute mes CD! La télé, c'est nul!

Maman: Tu veux regarder le film, chéri?

Papa: Ah, oui, je veux bien.

2 Qui est-ce?

Exemple: **1** Maman

1 Elle aime les séries.
2 Il veut regarder *Les colocataires*.
3 Elle ne veut pas regarder le match.
4 Il veut voir le film.
5 Elle préfère regarder l'émission musicale.
6 Il ne veut pas regarder le film.

3 À deux. Fais un dialogue. Utilise les informations.

■ Alors, qu'est-ce qu'il y a à la télé ce soir?
● À … heures …, il y a …
■ Qu'est-ce que c'est?
● C'est un(e) …
■ Ah, non! Pas ça! Je déteste les … Je veux regarder …

17h15 *Sept à la maison* Série
18h05 *Le bigdil* Jeu
19h05 *Friends* Comédie

17h55 *Les colocataires* Télé-réalité
18h50 *Charmed* Série
19h45 *Stargate: SG-1* Science-fiction

un jeu télévisé
une comédie
une émission musicale/de sport
une émission de science-fiction/télé-réalité
une série (policière/médicale)

4 Écris une conversation. Adapte la conversation de l'exercice 1.

5 Lis l'e-mail. Vrai (✔), faux (✗) ou on ne sait pas (?)?

Boîte de réception

Tu aimes la télé? Ma famille et moi, on la regarde souvent. Mes émissions préférées sont les émissions de télé-réalité, comme *Les colocataires*, et les jeux télévisés, surtout *Le bigdil* – je regarde ça tous les soirs. Tu aimes les séries? Mon frère les regarde tout le temps, mais moi, je les déteste! Mais je regarde de temps en temps des séries policières.
Youssef

Expo-langue ▶ **Grammaire 1.7**

A direct object pronoun replaces a noun which is the object of the sentence (e.g. I like *it/them*).

	masculin	féminin
it	**le / l'**	**la / l'**
them	**les**	**les**

In French it goes in front of the verb. (Note that **le** and **la** shorten to **l'** in front of a vowel or silent h.)
La télé? Je **la** regarde tout le temps.
Ces séries-là? Je ne **les** regarde pas souvent.

1 Youssef regarde souvent *Les colocataires*.
2 Le frère de Youssef ne regarde pas souvent de séries.
3 Youssef regarde rarement les jeux télévisés.
4 Il regarde tous les soirs les émissions de télé-réalité.
5 Il regarde une fois par semaine *Le bigdil*.
6 Le frère de Youssef regarde de temps en temps des séries policières.

tout le temps	*all the time*
tous les soirs	*every evening*
une/deux fois par semaine	*once/twice a week*
le week-end	*at the weekend*
toutes les semaines	*every week*
souvent	*often*
de temps en temps	*from time to time*
rarement	*rarely*

 6 Écoute. Copie et complète la grille.

Mériem	de temps en temps					
Alexandre						

 7 Interviewe ton/ta partenaire.

- ■ Tu regardes souvent la télé?
- ● Oui, je **la** regarde **tous les soirs**.

- ● Où achètes-tu tes CD?
- ● Tu regardes *Friends*?
- ● Quand fais-tu tes devoirs?
- ● Tu lis des livres de science-fiction?

1 Écoute et note les deux lettres pour chaque dialogue. (1–5)

Exemple: 1 c, …

a une comédie

b un western

c un dessin animé

d un film policier

e une histoire d'amour

f un film de science-fiction

g un film de guerre

h un film d'arts martiaux

i un film d'horreur

j un film d'action

2 À deux. Interviewe ton/ta partenaire.

■ Quels films as-tu vus récemment?

● J'ai vu **Shrek** au cinéma. C'est **un dessin animé**.
Et j'ai regardé **Mission: impossible** en DVD/à la
télé. C'est **un film d'action**. Et toi?

j'**ai**	regardé
tu **as**	mangé
il/elle/on **a**	fini
nous **avons**	attendu
vous **avez**	pris
ils/elles **ont**	vu

Expo-langue ▶ Grammaire 3.3

To refer to past events, you use the
passé composé (the perfect tense).
Most verbs form this with *avoir*, but a
few important verbs take *être*.

When *être* is used, the past participle
agrees with the subject of the verb.

je **suis**	
tu **es**	allé(**e**)(**s**)
il/elle/on **est**	arrivé(**e**)(**s**)
nous **sommes**	entré(**e**)(**s**)
vous **êtes**	
ils/elles **sont**	

3 Écoute et lis. Combien de verbes au passé composé peux-tu trouver dans l'e-mail?

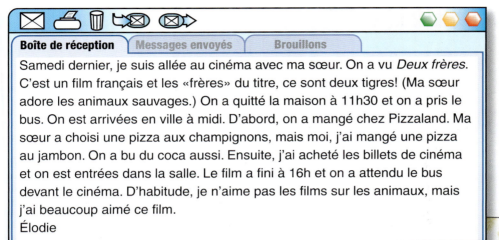

Samedi dernier, je suis allée au cinéma avec ma sœur. On a vu *Deux frères*. C'est un film français et les «frères» du titre, ce sont deux tigres! (Ma sœur adore les animaux sauvages.) On a quitté la maison à 11h30 et on a pris le bus. On est arrivées en ville à midi. D'abord, on a mangé chez Pizzaland. Ma sœur a choisi une pizza aux champignons, mais moi, j'ai mangé une pizza au jambon. On a bu du coca aussi. Ensuite, j'ai acheté les billets de cinéma et on est entrées dans la salle. Le film a fini à 16h et on a attendu le bus devant le cinéma. D'habitude, je n'aime pas les films sur les animaux, mais j'ai beaucoup aimé ce film.
Élodie

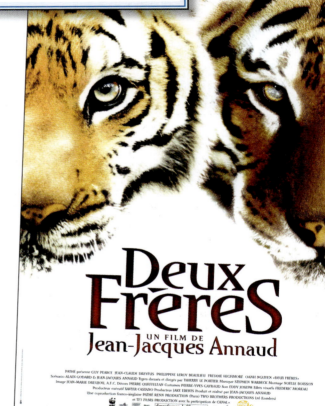

© Pathé films

4 À deux. Tu poses des questions. Ton/ Ta partenaire répond pour Élodie (de mémoire, si possible).

- Tu es allée au cinéma avec qui?
- Vous avez vu quel film?
- Vous avez pris le train?
- Qu'est-ce que tu as mangé?
- Qu'est-ce que vous avez bu?
- Le film a fini à quelle heure?
- Tu as aimé le film?

 5 Ton/Ta partenaire pose les questions de l'exercice 4 et tu réponds. Mais change les détails.

- Tu es allé(e) au cinéma avec qui?
- Je suis allé(e) au cinéma avec mon copain.

6 Décris une visite au cinéma. Écris un paragraphe. Utilise:

⬡ et ⬡ mais ⬡ d'abord ⬡ ensuite ⬡ après ⬡ puis

Le week-end dernier/Samedi dernier/La semaine dernière …
… je suis allé(e) au cinéma avec …

écouter 1 Écoute et relie les images et les lettres. (1–6)

Exemple: 1 f

1 *je me réveille*

2 *je me lève*

3 *je me douche*

4 *je me brosse les dents*

5 *je m'habille*

6 *je me couche*

a du hip-hop **b** du jazz **c** du R&B **d** du rap **e** du reggae **f** de la techno

lire 2 Copie et complète le texte.

Je m'appelle Valentin Duhamel et j'adore la musique. Les jours de collège, je (**1**) _____ réveille à sept heures moins le quart et j'écoute la (**2**) _____ . Le matin, je préfère écouter du (**3**) _____ ou du R&B. Je me lève (**4**) _____ sept heures, je me douche et je (**5**) _____ en tee-shirt et en jean. Ensuite, je prends mon petit déjeuner (**6**) _____ ma famille. On a une radio dans la (**7**) _____ , mais c'est difficile, parce que mes parents préfèrent le jazz et mon frère (**8**) _____ la techno! Après, je me (**9**) _____ les dents et je quitte la maison à huit heures. Dans le bus, j'écoute des (**10**) _____ sur mon baladeur. Le soir, j'aime écouter du R&B et quand je me (**11**) _____ , à dix heures, (**12**) _____ mes CD au lit.

j'écoute
reggae
brosse
me
à
CD
m'habille
radio
couche
avec
cuisine
adore

parler 3 À deux. Décris ta routine et la musique que tu écoutes à ton/ta partenaire.

● Je me réveille à (sept heures) et j'écoute la radio. Je préfère (le R&B). Ensuite, je …

Expo-langue ▶ Grammaire 3.12

Reflexive verbs are verbs which include an extra pronoun (before the verb).

se lever – to get up
je **me** lève   nous **nous** levons
tu **te** lèves   vous **vous** levez
il/elle/on **se** lève   ils/elles **se** lèvent

4 **Écoute. Copie et complète les phrases de Gabrielle.**

KYO

1 Le week-end dernier, je me suis levée …
2 Je me suis douchée et je me suis …
3 J'ai pris mon petit déjeuner avec …
4 Je me suis brossé les dents et j'ai quitté la maison …
5 Je me suis couchée à …

Expo-langue ▶ Grammaire 3.12

In the perfect tense, reflexive verbs take **être**.
The past participle must agree with the subject.

je me **suis**	réveillé(**e**)(**s**)
tu t'**es**	levé(**e**)(**s**)
il/elle/on s'**est**	douché(**e**)(**s**)
nous nous **sommes**	habillé(**e**)(**s**)
vous vous **êtes**	couché(**e**)(**s**)
ils/elles se **sont**	

---

 5 **À deux. Imagine que tu es Gabrielle. Ton/Ta professeur pose les questions.**

● Samedi dernier, tu t'es réveillée à quelle heure?
● Tu t'es levée à quelle heure?
● Qu'est-ce que tu as fait ensuite?
● Tu as pris ton petit déjeuner avec qui?
● Tu t'es couchée à quelle heure?

---

 6 **Imagine que tu es Jérôme, le copain de Gabrielle. Décris le jour du concert. Invente des détails.**

Exemple: Le week-end dernier, je me suis levé à (sept heures et quart). Je me suis lavé/ douché/brossé les dents et …

Mini-test

I can …
■ discuss what's on television
■ use direct object pronouns
■ talk about films
■ use the perfect tense with *avoir* and *être*
■ talk about music
■ use the present and perfect tense of reflexive verbs

1 Écoute. Note les bonnes lettres pour chaque personne.

Exemple: Farida: f, …

a les magazines de foot

b les magazines de musique pop

c les BD (bandes dessinées), comme Astérix ou Tintin

d les livres de science-fiction

e les livres de Harry Potter

f les magazines féminins

g les livres d'horreur

   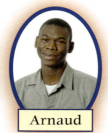

Farida   Thierry   Julie   Arnaud

2 Lis l'e-mail. Copie et complète les phrases.

Boîte de réception	Messages envoyés	Brouillons

Est-ce que tu aimes la lecture? Moi, je suis fan des romans fantastiques, comme *Le Seigneur des anneaux*. Le week-end prochain, je vais commencer le dernier livre de la série, *Le retour du roi*. J. R. R. Tolkien, c'est mon auteur préféré, mais je lis aussi les livres de Terry Pratchett. Ma sœur lit des BD, comme Astérix (elle va visiter le Parc Astérix, près de Paris, pour son anniversaire). Ma mère aime les romans historiques – et mon père (ne rigole pas!) adore les romans d'amour!
Adrien

1 Adrien aime lire …
2 Le week-end prochain, Adrien va lire …
3 Ses auteurs préférés sont …
4 Pour son anniversaire, la sœur d'Adrien va …
5 Comme genre de livres, la mère d'Adrien préfère …

3 Écoute et répète.

En ce moment, mon copain Laurent fait du patin, dans le vent.
Maintenant et demain, de temps en temps, je vais lire Tintin.

> To make the nasal sounds **ain/in** and **en/an**, try saying the English words *an* and *on* without letting your tongue touch the roof of your mouth!

 4 À deux. Interviewe ton/ta partenaire.

- Qu'est-ce que tu aimes lire?
- As-tu des auteurs préférés?

 5 À deux. Pose une question à ton/ta partenaire. Il/Elle doit utiliser quatre verbes dans la liste.

- Qu'est-ce que tu vas faire ce soir/demain/samedi?
- D'abord, je vais aller en ville, ensuite je vais acheter un CD, puis je vais … et après …

acheter	jouer
aller	lire
boire	manger
écouter	prendre
faire	regarder
finir	voir

Expo-langue ▶ **Grammaire 3.6**

You can use **aller** + the infinitive to talk about the future.

je **vais**	
tu **vas**	**lire** un livre d'horreur
il/elle/on **va**	**visiter** un parc d'attractions
nous **allons**	**faire** du skate
vous **allez**	**acheter** un magazine de foot
ils/elles **vont**	

 6 Imagine que tu sors avec Brad Pitt, Sarah Michelle Gellar, Thierry Henry ou une autre star. Qu'est-ce que vous allez faire ce soir, demain et samedi prochain? Écris un paragraphe.

Exemple: Ce soir, je vais aller aux Oscars avec Brad Pitt. On va boire du champagne et Brad va gagner l'oscar du «Meilleur acteur». Demain, je vais nager dans la piscine de Brad …

1 Écoute et lis.

Romain

Je vais souvent au cinéma, deux ou trois fois par mois. Le genre de films que j'aime bien, c'est les films d'action ou les films de science-fiction, mais j'aime surtout les films d'arts martiaux. Un de mes films préférés est *Tigre et dragon* parce que les effets spéciaux sont fantastiques.

Il y a deux semaines, j'ai regardé le film *Le dernier samouraï* à la télévision. La vedette du film, c'est Tom Cruise, qui est un de mes acteurs préférés. C'est l'histoire d'un soldat américain qui devient samouraï et doit combattre ses ennemis. J'ai beaucoup aimé ce film parce que c'était plein d'action.

Le week-end prochain, je vais aller en ville et je vais acheter *Le dernier samouraï* en DVD! Et samedi soir, je vais regarder un autre film de Tom Cruise. C'est un film de science-fiction qui s'appelle *Minority Report*.

 2 Trouve les verbes dans le texte.
Copie et complète la grille.

Présent	Passé	Futur
je vais	j'ai regardé	je vais aller
j'aime bien	c'était	

 3 Écoute les phrases. C'est présent (pr), passé (pa) ou futur (f)? (1–6)

Exemple: 1 pa

 4 Réponds aux questions posées à Romain (de mémoire, si possible).
Tu dois répondre au présent, au passé ou au futur?

- Quel genre de films préfères-tu?
- Quels films as-tu regardés récemment?
- Qui est ton acteur ou actrice préféré(e)?
- Qu'est-ce que tu vas faire le week-end prochain?

5 Réponds pour toi aux questions de l'exercice 4.

 6 Prépare une présentation de ton film ou de ton livre préféré. Adapte le texte de Romain.

Présent

J'aime bien aller au cinéma/lire.

Je vais au cinéma/lis (une fois par semaine/tous les jours, etc.).

J'aime beaucoup/Je préfère les films (de science-fiction)/les livres (d'horreur).

Un(e) de mes films/livres/auteurs/acteurs/actrices préféré(e)s, c'est …

J'aime ce film/livre parce qu'il est passionnant(e)/parce que les effets spéciaux sont …

Passé

Le week-end dernier/La semaine dernière/Il y a deux jours, je suis allé(e) … /j'ai regardé … à la télé/j'ai lu … /j'ai fini …

C'est l'histoire de/d' … /Dans ce film/livre …

J'ai/Je n'ai pas beaucoup aimé ce film/livre parce que c'était plein d'action/émouvant/trop long …

Futur

Le week-end prochain/La semaine prochaine, je vais aller … / acheter … /regarder … /lire …

 When you want to describe the plot of a film or book:

- Keep it short. Try to sum up the basic story in one line.
- Keep it simple. Use language you know. You might be able to adapt part of a text you have seen. For example:
  C'est l'histoire d'un hobbit, Frodo, et ses copains qui doivent faire un long voyage et combattre leur ennemi, Saruman.
- If you need to, look up just one or two new words in a dictionary.

C'était …	It was …
affreux	terrible
bien	good
émouvant	moving
ennuyeux	boring
intéressant	interesting
marrant	funny
nul	rubbish
pas mal	not bad
passionnant	exciting
(peu) original	(un)original
plein d'action	full of action

 7 Vérifie et corrige ta présentation.

- Are the spelling and gender of the nouns correct?
- Have you used the correct agreement on any adjectives?
- Is the tense of each verb correct? Have you used the right verb endings?
- In the perfect tense, have you used *avoir* or *être* correctly? Have you made any verbs which take *être* agree?
- Are all accents present and correct?

 8 Mémorise, répète, puis fais ta présentation.

Unité 1

I can

- discuss what's on television

  Qu'est-ce qu'il y a à la télé ce soir?/ À 17h, il y a Le bigdil.

- say what type of programmes I like/dislike

  J'adore les émissions de télé-réalité, comme Les colocataires.

- G use expressions of frequency

  Je regarde rarement les séries.

- G use direct object pronouns

  Mes devoirs? Je les fais tous les soirs.

Unité 2

I can

- talk about films I have seen

  J'ai vu Shrek. C'est un dessin animé.

- describe a trip to the cinema

  D'abord, on a mangé au Quick. Ensuite, j'ai acheté les billets.

- G use the perfect tense with *avoir* and *être*

  Le week-end dernier, je suis allé(e) au cinéma. J'ai vu Spider-Man.

Unité 3

I can

- describe my daily routine

  Je me lève à sept heures et je me douche.

- talk about what music I listen to

  Le matin, j'écoute du rap et du R&B.

- describe my routine in the past

  Samedi dernier, je me suis levé(e) à huit heures.

- G use the present and perfect tense of reflexive verbs

  D'habitude, je me couche à dix heures, mais hier, je me suis couché(e) à onze heures.

Unité 4

I can

- talk about what I and others read

  J'aime lire des BD./Ma sœur lit des magazines de musique pop.

- describe future plans

  Demain, je vais acheter un livre d'horreur.

- pronounce nasal sounds

  maintenant/demain/en ce moment

- G use *aller* + infinitive

  Le week-end prochain, on va regarder des DVD.

Unité 5

I can

- give a simple description of a film or book

  Dans ce film, Harry Potter doit combattre son ennemi Voldemort.

- give opinions about films and books

  C'était très original, mais un peu long.

- G use the correct tense to answer questions

  Qu'est-ce que tu lis?/tu as lu?/tu vas lire? Je lis …/J'ai lu …/Je vais lire …

- G refer to present, past and future events

  Je vais souvent au cinéma et samedi dernier, j'ai vu Spider-Man. La semaine prochaine, je vais acheter X-Men en DVD.

1 Écoute Claire et Julien. Copie et complète la grille avec les mots.

	Tout le temps	Tous les soirs	Souvent	Le week-end	Une fois par semaine	De temps en temps	Rarement
Claire			télé				
Julien							

télé   lecture   volley   rugby
cinéma   judo   natation   devoirs

2 Prépare tes réponses aux questions.

- ● Tu regardes souvent la télé?
- ● Quels genres de films aimes-tu?
- ● Qu'est-ce que tu aimes lire?
- ● Qu'est-ce que tu vas faire ce soir?
- ● Qu'est-ce que tu vas faire le week-end prochain?

3 Lis l'e-mail. Vrai (✔), faux (✗) ou on ne sait pas (?)?

Boîte de réception | Messages envoyés | Brouillons

Hier soir, à la télé, j'ai regardé *Le bigdil* (c'est un jeu télévisé) et *Sous le soleil* (c'est ma série préférée). J'aime aussi les émissions de télé-réalité, comme *La ferme célébrités*. Un de mes films préférés est *Les visiteurs*, une comédie avec Jean Reno. La musique que je préfère, c'est le reggae et le rap. La semaine dernière, je suis allée en ville et j'ai acheté un CD de mon groupe préféré, qui s'appelle KYO. Mon père et moi, on aime aussi le chanteur Calogero. Mes copines et moi lisons souvent. J'ai lu tous les livres de Harry Potter. Je les trouve passionnants et très originaux.
Marine

1 Hier soir, Marine a regardé une série.
2 Elle aime beaucoup les jeux télévisés.
3 Elle n'aime pas les films de comédie.
4 Le week-end dernier, Marine est allée dans les magasins.
5 Marine n'achète pas de CD.
6 Le père de Marine aime le groupe KYO.
7 Les copines de Marine n'aiment pas la lecture.
8 Marine a lu beaucoup de livres de Harry Potter.

 4 Qu'est-ce que tu fais d'habitude le week-end? Qu'est-ce que tu as fait le week-end dernier? C'était comment? Écris un paragraphe.

D'habitude, le week-end, je me lève … Ensuite, je me …
Samedi dernier, je me suis levé(e) … Je me suis … J'ai … /Je suis … C'était …

Qu'est-ce qu'on regarde?

 1 Écoute Thomas et Mathilde et regarde le magazine télé.
Copie et complète les phrases.

9 avril			
TF1		**M6**	
17h15	*7 à la maison* Série américaine	17h55	*Les colocataires* Divertissement
18h05	*Le bigdil* Jeu	18h50	*Charmed* Série américaine
19h05	*À prendre ou à laisser* Jeu	19h45	*Caméra café* Série
19h50	*Laverie de famille* Série	19h50	Six', météo
19h55	Météo	20h05	*Une nounou d'enfer* Série américaine
20h00	Journal		

1 Le jeu télévisé que Mathilde préfère est …
2 Thomas n'aime pas les …
3 Hier, Thomas a regardé …
4 La semaine dernière, Mathilde a regardé …
5 Ce soir, Thomas et Mathilde vont regarder une …

2 Lis le magazine télé et trouve …

1 un autre mot pour «émission de télé-réalité».
2 le nom français du jeu télévisé «Take it or leave it».
3 le genre de l'émission qui s'appelle «Family launderette» en anglais.
4 à quelle heure on peut regarder la série américaine *Nanny from hell*.

3 À deux. Interviewe ton/ta partenaire.

● Qu'est-ce que tu aimes regarder à la télé?
● Qu'est-ce que tu as regardé hier/le week-end dernier?
● C'était comment?
● Qu'est-ce que tu vas regarder ce soir/le week-end prochain?

4 Écris ta réponse aux questions de l'exercice 3.
Écris un ou deux paragraphes.

7 filles et 7 garçons ... dans 2 maisons

■ Le principe du jeu

Comme dans *Loft Story*, des volontaires sont enfermés dans un lieu de vie clos et sont filmés 22 heures sur 24. Les téléspectateurs les éliminent au fil des douze semaines du programme pour aboutir à une finale mixte. Principales différences: garçons et filles vivent séparés par une palissade, ne se retrouvant qu'à certaines heures de la journée. Et ce n'est pas un couple qui gagnera mais un garçon ou une fille.

> enfermé(e) = shut in, locked in
> vivre = to live

lire 5 Lis le texte et trouve l'équivalent français.

1 certain hours of the day
2 TV viewers
3 separated
4 volunteers
5 main differences
6 eliminate

lire 6 Complète les phrases en anglais.

1 Comme dans *Loft Story*, des volontaires sont enfermés dans un lieu de vie clos et sont filmés 22 heures sur 24.
Like in Loft Story, ▬▬▬▬ *locked up in an enclosed living space and filmed for* ▬▬▬▬ *out of* ▬▬▬▬.

2 Garçons et filles vivent séparés par une palissade, ne se retrouvant qu'à certaines heures de la journée.
Boys ▬▬▬▬ *live* ▬▬▬▬ *by a fence, only meeting up with each other at* ▬▬▬▬.

lire 7 Réponds aux questions en anglais. Cherche dans un dictionnaire, si nécessaire.

1 Describe how the contestants live for most of the day.
2 For how many weeks does the programme run?
3 How are the contestants eliminated?
4 How often do the boys and girls meet?
5 How many winners does *Les colocataires* have?
6 How is this different from the number of winners in *Loft Story*?

Deux vedettes du cinéma français

 1 Écoute. Copie et complète le texte.

Jean Reno

Jean Reno est né le 30 (**1**) _____ 1948 à Casablanca, au Maroc. Il a émigré en (**2**) _____ en 1970, où il a tourné son premier (**3**) _____ en 1978. Il avait un (**4**) _____ rôle dans le film *Subway* en 1985, mais il a connu son premier vrai (**5**) _____ succès dans *Le Grand Bleu* (1988) et *Léon* (1994). En 1993, il a aussi prouvé son talent pour la (**6**) _____, dans *Les visiteurs*, un des films les plus populaires chez les jeunes (**7**) _____. Ensuite, il a repris le même (**8**) _____ dans *Les couloirs du temps*, *Les visiteurs 2* et *Les visiteurs en Amérique*. En 1996, il a (**9**) _____ dans *Mission: impossible*, avec Tom Cruise. Et en 2005, il (**10**) _____ une des vedettes de *Birth of the Pink Panther*.

grand   est   comédie   joué   France

rôle   film   juillet   Français   petit

2 Écoute et note les informations sur Virginie Ledoyen (dates et numéros).

Date de naissance = Date of birth

1 Date de naissance
2 Âge dans son premier film
3 Année de son rôle de chanteuse de rock
4 Année du film *La plage*
5 Nombre de femmes dans le titre de son film de 2002
6 Nombre de ses nominations pour les Césars

Virginie Ledoyen

3 Cherche sur Internet des informations sur une autre vedette du cinéma français. Adapte le texte de l'exercice 1 et écris un portrait de ta vedette.

Si tu veux, choisis un(e) de ces acteurs ou actrices français(es):

Isabelle Adjani   Gérard Depardieu   Sophie Marceau

parler **4** À deux. Apprends par cœur trois ou quatre informations sur ta vedette de l'exercice 3. Présente ta vedette à ton/ta partenaire, qui prend des notes. Puis vérifie ses notes.

lire **5** Lis le texte et réponds aux questions.

Faites de la musique, Fête de la musique!

Chaque année, le 21 juin, c'est la Fête de la musique, et il y a des concerts gratuits partout en France. La musique est de tous les genres – du rock au jazz, à la techno, à la musique classique – et de toutes les nationalités. Le slogan est «Faites de la musique, Fête de la musique», et les musiciens, qui viennent de partout dans le monde, représentent un mélange d'amateurs et de professionnels.

À Paris, pendant la Fête, il y a une vraie ambiance carnavalesque (de la musique salsa dans la rue et des steel band à chaque coin de rue). On peut voir les plus grandes stars du rock en concert sur la Place de la République, des groupes «indies» sur la Place Denfert-Rochereau et même des orchestres classiques qui jouent sous la Pyramide du Musée du Louvre.

Depuis 1985, il y a une Fête de la musique dans plus de cent pays: on la trouve non seulement à Berlin, à Barcelone, à Liverpool et à Rome, mais aussi à San Francisco, au Brésil et dans de nombreux pays africains. C'est un grand succès international.

1 Quelle est la date de la Fête de la musique?
2 Quels genres de musique peut-on écouter à la Fête?
3 D'où viennent les musiciens?
4 Où peut-on voir des concerts de rock à Paris?
5 Où peut-on écouter des orchestres classiques?
6 Combien de pays organisent une Fête de la musique?

écrire **6** Écris un résumé en anglais sur la Fête de la musique (100 mots au maximum).

Les émissions de télévision | *Television programmes*

un jeu télévisé	*a game show*
une comédie	*a comedy*
une émission de science-fiction	*a science-fiction programme*
une émission de sport	*a sports programme*
une émission de télé-réalité	*a reality TV programme*
une émission musicale	*a music programme*
une série (policière)	*a (police) soap/ series*
une série (médicale)	*a (hospital) soap/ series*

Quand? | *When?*

tout le temps	*all the time*
tous les soirs	*every evening*
une/deux fois par semaine	*once/twice a week*
le week-end	*at the weekend*
toutes les semaines	*every week*
souvent	*often*
de temps en temps	*from time to time*
rarement	*rarely*
en ce moment	*at the moment*
maintenant	*now*
le samedi	*on Saturdays*

Le cinéma | *Cinema*

un dessin animé	*a cartoon*
un film d'action	*an action film*
un film d'arts martiaux	*a martial arts film*
un film d'horreur	*a horror film*
un film de guerre	*a war film*
un film de science-fiction	*a science-fiction film*
un film policier	*a detective film*
un western	*a Western*
une comédie	*a comedy*
une histoire d'amour	*a love story*
un acteur (une actrice)	*an actor, actress*
les effets spéciaux	*special effects*

Au passé | *In the past*

j'ai …	*I …*
on a …	*we …*
… regardé	*… watched*
… mangé	*… ate*
… acheté	*… bought*
… choisi	*… chose*
… attendu	*… waited*
… bu	*… drank*
… vu	*… saw*
… quitté (la maison)	*… left (the house)*
… pris (le bus)	*… took (the bus)*
je suis …	*I …*
… allé(e)	*… went*
… arrivé(e)	*… arrived*
… entré(e)	*… went in*
on est …	*we …*
… allé(e)s	*… went*
… arrivé(e)s	*… arrived*
… entré(e)s	*… went in*
le week-end dernier	*last weekend*
samedi dernier	*last Saturday*
il y a (deux jours)	*(two days) ago*

La musique | *Music*

Je préfère …	*I prefer …*
le hip-hop	*hip-hop*
le jazz	*jazz*
le R&B	*R&B*
le rap	*rap*
le reggae	*reggae*
la techno	*techno*

La routine | *Routine*

Je me réveille.	*I wake up.*
Je me lève.	*I get up.*
Je me douche.	*I have a shower.*
Je me brosse les dents.	*I clean my teeth.*
Je m'habille.	*I get dressed.*
Je me couche.	*I go to bed.*
Je prends mon petit déjeuner.	*I have breakfast.*
Je quitte la maison.	*I leave the house.*

Le week-end dernier — *Last weekend*

Je me suis réveillé(e).	*I woke up.*
Je me suis levé(e).	*I got up.*
Je me suis douché(e).	*I had a shower.*
Je me suis habillé(e).	*I got dressed.*
Je me suis brossé les dents.	*I brushed my teeth.*
Je me suis couché(e).	*I went to bed.*
J'ai pris mon petit déjeuner.	*I had breakfast.*
J'ai quitté la maison.	*I left the house.*

La lecture — *Reading*

les magazines de foot(ball)	*football magazines*
les magazines de musique pop	*pop music magazines*
les magazines féminins	*women's/girls' magazines*
les BD (bandes dessinées)	*comic books*
comme (Tintin)	*like (Tintin)*
surtout (Astérix)	*especially (Asterix)*
les livres de Harry Potter	*Harry Potter books*
les livres d'horreur	*horror books*
les livres de science-fiction	*science-fiction books*
Je suis fan de …	*I'm a fan of …*
un de mes auteurs préférés, c'est …	*one of my favourite authors is …*

Projets d'avenir — *Future plans*

je vais …	*I'm going to …*
on va …	*we're going to …*
… écouter	*… listen to*
… finir	*… finish*
… prendre	*… take*
… voir	*… see*
aujourd'hui	*today*
demain	*tomorrow*
samedi prochain	*next Saturday*
le week-end prochain	*next weekend*

C'était comment? — *What was it like?*

C'était …	*It was …*
affreux	*terrible*
bien	*good*
émouvant	*moving*
ennuyeux	*boring*
intéressant	*interesting*
marrant	*funny*
nul	*rubbish*
pas mal	*not bad*
passionnant	*exciting*
(peu) original	*(un)original*
plein d'action	*full of action*

Stratégie 1
Checking your work

Here are the most important things to check when you've written a piece of French. It doesn't take much effort to make sure you write better French and get better marks.

Spelling	If you're not sure of a word, look it up again.
Gender	*Le* or *la*? A dictionary will tell you: masc. or fem.
Tense	Correct ending on the verb, *avoir/être* + past participle for the past, *aller* + infinitive for what you're going to do.
Agreements	If you're using an adjective with a noun, make sure you make it 'agree': usually there's a different ending for feminine and plural adjectives.
Accents	They change the way you pronounce a word, but can also change the meaning: *aime* or *aim**é**, arrive* or *arriv**é**?*

2 L'avenir

1 Qu'est-ce qu'on fera demain? Planning what you will do
The future tense with *on*

1 Écoute et lis.

✉ 🖨 🗑 📩 📨	
Boîte de réception	Messages envoyés	Brouillons

Alex,

Alors, tu viens à Paris demain pour le match? Génial!
Si tu arrives à midi, on mangera d'abord et puis on ira au
Stade de France en métro. On regardera le match et après, on
ira au café. On jouera au baby-foot ou au flipper avec mon grand frère et ses
copains. Puis on rentrera chez moi et on écoutera mon nouveau CD.

Tu veux dormir chez moi? Si oui, qu'est-ce qu'on fera dimanche?

Jérôme

2 Mets les images dans le bon ordre.

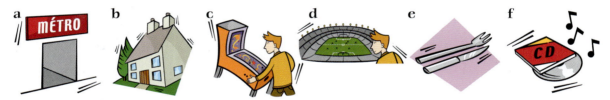

a MÉTRO b c d e f CD

> ### Expo-langue ▶ Grammaire 3.7
>
> To talk about what is going to happen, you can use **aller** + the infinitive (*going to …*).
> Another way to talk about the future is to use the **future tense** (*will …*).
> It is formed using the **future stem** plus the appropriate ending (for **on**, the ending is **-a**).
>
> For **-er** verbs, the future stem is the infinitive.
> on regarder**a** = we will watch
> **aller** and **faire** have irregular future stems.
> on **ir**a = we will go
> on **fer**a = we will do/make

3 Écoute le message sur le répondeur. Copie et complète la grille.

	9h	11h	13h	14h	18h	20h
Activité	on jouera au volley					

parler **4** À deux. Mémorise l'agenda, puis ferme le livre. Ton/Ta partenaire te pose des questions.

■ Qu'est-ce qu'on fera demain à neuf heures?

● À neuf heures, on **fera du vélo**.

écrire **5** Qu'est-ce que tu feras demain? Utilise l'agenda de l'exercice 4 pour écrire un paragraphe.

Exemple: D'abord, à neuf heures, on fera du vélo. Puis …

a 9h
b 12h
c 14h
d 16h
e 20h

écouter **6** Écoute et note les cinq activités qu'ils feront à la Fête de la musique, et pourquoi. (1–5)

Exemple: **1** concours de rap: j'adore la musique rap

Fête de la musique

9h–11h	Fanfare des pompiers
11h–15h	Concours de rap
14h	L'orchestre du collège Jules-Verne
16h–17h	Ferrari (groupe de hard rock)
14h30–16h	Chorale espagnole
12h–14h	Grillades (steak, poisson, hamburgers)
10h–17h	Snacks, glaces et boissons

parler **7** À deux. Demain, vous irez à la Fête de la musique. Qu'est-ce que vous ferez? Préparez une conversation.

■ Qu'est-ce qu'on fera d'abord?　　● D'abord, on …

● Qu'est-ce qu'on fera après?　　● Après, on …

On	(n') écoutera (pas) (n') ira (pas) voir (ne) mangera (pas de)	la fanfare le concours de rap (des) hamburgers	parce que	c'est ennuyeux. c'est génial. je n'aime pas les hamburgers.

écrire **8** Écris deux paragraphes sur ce que tu feras à la Fête de la musique, et pourquoi.

lire 1 Vrai (✔) ou faux (✘)?

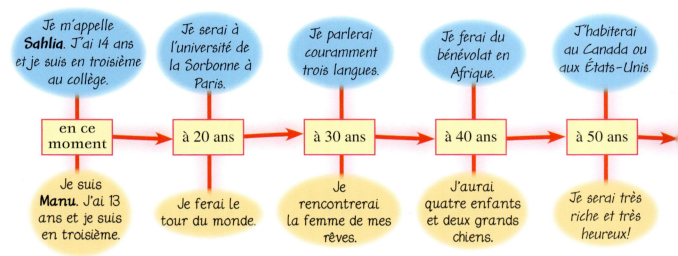

> Je m'appelle **Sahlia**. J'ai 14 ans et je suis en troisième au collège.

> Je serai à l'université de la Sorbonne à Paris.

> Je parlerai couramment trois langues.

> Je ferai du bénévolat en Afrique.

> J'habiterai au Canada ou aux États-Unis.

| en ce moment | → | à 20 ans | → | à 30 ans | → | à 40 ans | → | à 50 ans | → |

> Je suis **Manu**. J'ai 13 ans et je suis en troisième.

> Je ferai le tour du monde.

> Je rencontrerai la femme de mes rêves.

> J'aurai quatre enfants et deux grands chiens.

> Je serai très riche et très heureux!

1 Manu rencontrera sa femme idéale à 30 ans.
2 À 20 ans, Sahlia parlera trois langues.
3 Manu aura une belle Ferrari rouge à 20 ans.
4 Sahlia travaillera à l'étranger à 40 ans.
5 Sahlia est à la Sorbonne en ce moment.
6 À 50 ans, Manu aura beaucoup d'argent et sera très content.
7 À 50 ans, Sahlia habitera en Europe.
8 En ce moment, Manu est en troisième.

écrire 2 Copie et complète chaque phrase avec un verbe.

1 En ce moment, j'＿＿＿＿ 14 ans et je ＿＿＿＿ en troisième au collège.
2 À 20 ans, je ＿＿＿＿ du bénévolat.
3 À 30 ans, je ＿＿＿＿ l'homme/la femme de mes rêves.
4 À 40 ans, j'＿＿＿＿ deux enfants et un beau yacht.
5 À 50 ans, je ＿＿＿＿ très heureux/heureuse.

Expo-langue ▶ Grammaire 3.7

The future tense verb endings are:
je parler**ai**
tu parler**as**
il/elle/on parler**a**
nous parler**ons**
vous parler**ez**
ils/elles parler**ont**

avoir, **être** and **aller** have irregular future stems:
j'**aur**ai = I will have
je **ser**ai = I will be
je **fer**ai = I will do/make
j'**ir**ai = I will go

parler **3** À deux. À tour de rôle. Parle de ton avenir.

| en ce moment | → | à 20 ans | → | à 30 ans | → | à 40 ans | → | à 50 ans | → |

écouter **4** Écoute Leïla et Thomas. Copie et complète la grille sur leurs projets d'avenir. Note les verbes avec «il»/«elle».

	Leïla	Thomas
En ce moment	elle est au collège	
À 20 ans		
À 30 ans		
À 40 ans		
À 50 ans		

écrire **5** Écris un texte sur l'avenir de Leïla et de Thomas. Utilise tes notes de l'exercice 4.

Exemple: En ce moment, Leïla est au collège.
À 20 ans, elle sera …

lire **6** Lis la météo. Copie et complète la grille avec les bonnes lettres.

> Malheureusement, le beau temps d'hier est terminé. Aujourd'hui, il fera froid dans le nord et le ciel sera couvert. Dans le sud, il y aura beaucoup de vent et il ne fera pas chaud. Si vous aimez le soleil, vous n'avez pas de chance aujourd'hui, car il pleuvra cet après-midi dans le nord et le sud.
> Il neigera toute la journée dans les Alpes et dans les Pyrénées. Demain, il fera plus chaud et il ne pleuvra plus.

	Temps
Hier	c
Dans le nord	
Dans le sud	
À la montagne	
Demain	

a   b   c   d   e   f   g

parler **7** À deux. Quel temps fera-t-il demain?
Fais une phrase pour chaque image de l'exercice 6.

1 Écoute et lis.

Luc

Quand je quitterai le collège, à 16 ans, j'irai au **lycée** en ville où je continuerai mes études **jusqu'**à 18 ans. Quand je quitterai le lycée, j'irai à l'université où je ferai une **licence** de marketing. Mais je continuerai aussi mes **études** d'anglais parce que je voudrais travailler à l'étranger quand je serai **diplômé**.

Si j'ai de bonnes **notes**, je quitterai le collège à 16 ans et je ferai un **apprentissage** chez Renault, dans un garage en ville. J'apprendrai à **réviser** et à réparer les voitures. Je n'ai pas beaucoup de **confiance** en moi, **donc** j'apprendrai aussi à travailler en équipe. Si mes rêves **se réalisent**, j'aurai mon **propre** garage à 30 ans.

Julie

2 Note chaque mot en rouge. Devine l'équivalent anglais pour chaque mot. Puis vérifie tes réponses dans le glossaire.

3 Copie et complète les phrases. Attention aux verbes!

1 Quand il aura 16 ans, Luc _____ au lycée.
2 À l'université, il étudiera le _____ et l'_____.
3 Après sa licence, il _____ à l'étranger.
4 Julie _____ un apprentissage après le collège.
5 Elle travaillera dans _____.
6 Elle _____ assez timide.
7 Elle _____ à travailler avec les autres.
8 Quand elle aura 30 ans, elle aura son _____ garage.

> **Expo-langue ▶**
> **Grammaire 3.7**
>
> To say **when** something will happen in the future, you use **quand** + the **future** tense.
> Quand **je quitterai** le lycée, j'irai à l'université. =
> When *I leave* school, I will go to university.

4 Écoute l'interview avec Raoul.
Choisis la bonne fin pour chaque phrase.

1 Raoul a *14 ans / 15 ans*.
2 Après le collège, il ira *au lycée / à l'université*.
3 Raoul fera une licence *d'histoire / de géographie*.
4 Si ses notes ne sont pas bonnes, Raoul travaillera avec son *père / oncle*.
5 Il a un magasin de *sport / chaussures*.
6 Après l'université, Raoul sera *professeur / géologue*.

parler **5** À deux. Tu es Adrien ou Marie-Christine. Que feras-tu quand tu quitteras le collège?

Adrien collège apprentissage chez Citroën mécanicien propre garage

Marie-Christine collège lycée université (licence de droit/d'anglais) avocate

écrire **6** Que feras-tu dans la vie? Écris quelques paragraphes sur:

- ton caractère,
- ce que tu aimes/n'aimes pas faire,
- ce que tu feras quand tu quitteras le collège.

lire **7** Lis le texte et réponds aux questions en anglais.

Au revoir, *Friends* ... Bonjour l'avenir!

Mai 2004, dernier épisode de *Friends*. Après 194 épisodes, c'est fini: Jennifer Aniston ne jouera plus le rôle de Rachel dans ce feuilleton américain. Elle n'ira plus au Central Perk pour boire un café, elle ne se disputera plus avec Ross, elle n'aura plus de moments amusants avec Monica et Chandler ...

Mais que fera-t-elle, cette belle actrice de New York qui est connue dans le monde entier?

- Fera-t-elle des films?
- Continuera-t-elle à faire de la peinture? À 11 ans, une de ses peintures était dans une exposition au Metropolitan Museum of Art de New York!
- Aura-t-elle des enfants?
- Prendra-t-elle un rôle dans un autre feuilleton ou même sa propre série?

On verra bien, mais une chose est certaine: Rachel nous manquera!

1 What is *Friends*?
2 What had just happened when this article was written?
3 What sort of things will we no longer see Rachel doing?
4 What four suggestions does the writer make about Jennifer's future?
5 What do you think the last two lines of the article mean?

Mini-test

I can ...
- discuss what we will do
- say what I will do in the future
- understand weather forecasts
- discuss future careers
- use the future tense correctly

1 Écoute et lis. (1–5)

Pourquoi apprendre les langues?

Sais-tu que:
- ☐ seulement 6% de la population mondiale parlent anglais comme langue maternelle?
- ☐ plus de 75% de la population mondiale ne parlent pas un mot d'anglais?

1 Puisque 60% du commerce britannique se fait avec des pays qui ne parlent pas anglais, beaucoup d'entreprises doivent avoir des employés qui parlent une langue étrangère.

2 Aujourd'hui, on peut voyager de Londres à Lyon, par exemple, pour £6.99! Si on veut vraiment apprécier la culture d'un pays étranger, on doit comprendre un peu la langue.

3 Comme la Grande-Bretagne est dans l'Union européenne, les jeunes Britanniques peuvent travailler dans un autre pays européen, y compris la France, la Suisse et la Belgique.

4 1% des étudiants à l'université en Grande-Bretagne apprennent une langue avec une autre matière, car ils veulent avoir la possibilité d'utiliser cette langue plus tard.

5 Chauffeur de camion, journaliste, guide touristique … Dans ces métiers, par exemple, on voyage à l'étranger de temps en temps. Donc, si on parle une langue étrangère, on peut avoir un contact plus sympathique avec les habitants.

© CILT

2 Trouve ces mots dans le texte. Relie le francais et l'anglais.

Exemple: **1** c

1	par exemple	**a**	*including*
2	comme	**b**	*since*
3	car	**c**	*for example*
4	donc	**d**	*as*
5	puisque	**e**	*therefore*
6	y compris	**f**	*because*

Expo-langue ▶ Grammaire 3.13

The three key modal verbs are:
devoir = to have to
pouvoir = to be able to
vouloir = to want to
They are followed by the infinitive.
on peut **voyager** = you can travel

3 Traduis les paragraphes 1–5 de l'exercice 1 en anglais.

4 Pourquoi les langues sont-elles importantes?
Écoute et relie les jeunes et les raisons.

a dans son métier actuel
b pour ses vacances
c pour l'avenir

Louise Manu Hassiba Abdul

 5 Copie et complète le texte.

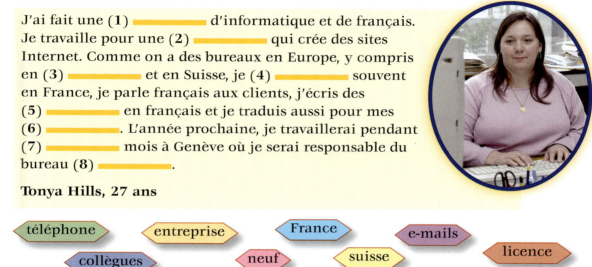

J'ai fait une (1) _____ d'informatique et de français.
Je travaille pour une (2) _____ qui crée des sites
Internet. Comme on a des bureaux en Europe, y compris
en (3) _____ et en Suisse, je (4) _____ souvent
en France, je parle français aux clients, j'écris des
(5) _____ en français et je traduis aussi pour mes
(6) _____. L'année prochaine, je travaillerai pendant
(7) _____ mois à Genève où je serai responsable du
bureau (8) _____.

Tonya Hills, 27 ans

téléphone   entreprise   France   e-mails

collègues   neuf   suisse   licence

6 À deux. Imagine que tu es un(e) de ces jeunes Anglais.
Pourquoi est-ce que le français est important pour toi?

Graham Davenport, 26
• did a degree in marketing and French
• works in a bank in London which has offices in Paris and Lyon
• phones France every day and speaks to customers in French
• writes e-mails in French
• next year will work in Lyon for six months

Yasmin Ruia, 24
• left school at 18
• loves sport
• works in a holiday centre in the south of France
• speaks to customers in French and translates for English customers
• next year will be in charge of a holiday centre near Marseille

7 Écris deux paragraphes sur Graham et Yasmin.
Utilise quelques mots de l'exercice 2 pour relier tes phrases.

Exemple: Graham Davenport, qui a 26 ans, a fait une licence de marketing ...

1 Écoute et lis.

Étude de cas: David East

Au collège, dans le Suffolk en Angleterre, David East a étudié le français à partir de 11 ans jusqu'à son examen GCSE. Il n'a pas fait de gros efforts pendant les cours de langues, trouvant la technologie, la géographie et les sciences plus intéressantes. Il a obtenu un C à son examen GCSE.

Pourtant, dès l'âge de 13 ans, sa passion était la planche à voile.

À 18 ans, David a quitté le lycée pour mener une double vie: la nuit, petit job chez Tesco pour gagner de l'argent et le jour, participation à des compétitions internationales de planche à voile.

Peu de temps après, David est devenu moniteur de planche à voile. Il a trouvé son premier poste chez Mark Warner, un club de vacances avec des centres partout en Europe. David a passé six mois en Corse, sur cette magnifique île méditerranéenne qui fait partie de la France. Ses clients, les vacanciers, étaient britanniques, mais la connaissance de la langue française était très utile à David: il a négocié des prix intéressants avec les restaurateurs et les commerçants locaux, et il a eu un contact plus sympathique avec les habitants. David a trouvé très important de pouvoir parler français car, en général, les habitants d'un pays préfèrent parler leur langue maternelle.

Un hiver, David est parti dans les Alpes pour être moniteur de ski, mais aussi pour travailler dans un bar. Sa connaissance du français était essentielle pour prendre les commandes, parler aux clients et se faire des amis pendant ses temps libres.

Un été, David a travaillé en Turquie comme sauveteur. La Turquie n'est pas un pays francophone, mais néanmoins, le français était utile comme langue commune entre David et les habitants.

Aujourd'hui, à 25 ans, David travaille comme moniteur au Centre national de sports aquatiques dans le sud du pays de Galles. C'est-à-dire qu'il enseigne la voile, la planche à voile et le jet-ski aux vacanciers et aux enfants qui viennent au centre. Si tout va bien, un jour il ira au Canada pour exercer son métier. Autrement dit, sa connaissance du français continuera à lui être utile dans son avenir aussi. Mais, en ce moment, comme David a une petite amie galloise, il apprend une autre langue… le gallois!

2 Trouve les mots français dans le texte.

1 however
2 in general
3 nevertheless
4 that is to say
5 in other words

lire 3 **Trouve la bonne fin pour chaque phrase.**

Exemple: 1 f

1 Au collège, David a appris
2 Maintenant il apprend
3 Il a utilisé son français
4 Il travaille comme moniteur de sports aquatiques
5 Plus tard, il travaillera
6 Il a travaillé comme moniteur de planche à voile
7 Il a travaillé dans un bar

a au Canada.
b dans les Alpes.
c au pays de Galles.
d en Corse.
e en Corse, dans les Alpes et en Turquie.
f le français.
g le gallois.

parler 4 **À deux. Imagine que tu es David. Prépare des réponses à ces questions.**

● Quel est ton métier?
● Où as-tu travaillé?
● Où travailles-tu en ce moment?
● Est-ce que tu as appris des langues au collège?
● À quelles occasions as-tu utilisé ton français dans ton métier?
● Qu'est-ce que tu feras dans l'avenir?

écouter 5 **Écoute l'interview avec Melanie. Note ses réponses aux questions 1–6 de l'exercice 4.**

écrire 6 **À deux. Regarde le CV de Damien. Écris une interview avec lui à la radio. Utilise les questions de l'exercice 4 pour t'aider.**

Nom:	Buchanan
Prénom:	Damien
Vient de:	Sheffield, Angleterre
Métier:	ingénieur
Poste actuel:	chez Airbus, Toulouse
Expérience:	chez Rover, Irlande (2 ans); chez Elf, Tunisie (3 ans)
Langue apprise au lycée:	français
Utilisation de la langue:	chez Elf – communication avec les clients/traduction pour des collègues
Ambition(s):	bénévolat en Afrique, tour du monde à moto

parler 7 **À deux. Enregistre ou présente à la classe l'interview de l'exercice 6.**

Unité 1

I can

■ make future plans

Qu'est-ce qu'on fera demain?/On regardera le match.

G use the future tense with *on*

On mangera/On ira …
On n'ira pas …

Unité 2

I can

■ say what I will do in the future

J'aurai deux enfants./Je ferai du bénévolat.

■ say what others will do in the future

Elle aura une belle voiture./Il sera riche.

■ understand weather forecasts

Il pleuvra./Il fera froid.

G use the future tense

Je serai/Elle aura …

Unité 3

I can

■ discuss future career choices

J'étudierai le français./Il fera un apprentissage.

G use the future tense with *quand*

Quand j'aurai 20 ans, je serai riche.

Unité 4

I can

■ understand why languages are important

Si on veut apprécier la culture, on doit comprendre la langue.

G use modal verbs

On peut voyager de Londres à Lyon./Ils veulent utiliser cette langue plus tard.

G use a wide range of connectives

par exemple/comme/car/donc/puisque/y compris

Unité 5

I can

■ talk about work and travel experience

Je suis moniteur de sports aquatiques. J'ai travaillé en Turquie.

■ understand complex sentences

La Turquie n'est pas un pays francophone, mais néanmoins, le français était utile comme langue commune.

écouter **1** Copie et complète la grille. Mets les activités dans la bonne colonne.

	Présent	Futur
Ahmed	g	
Thierry		
Lucie		
Isabelle		

a   b   c   d   e   f   g   h

parler **2** À deux. Qu'est-ce qu'on fera ce week-end? Utilise les images a–h.

- ■ Qu'est-ce qu'on fait aujourd'hui?
- ● **c**
- ■ Et qu'est-ce qu'on fera demain?
- ● **a, e, d**

- ● Qu'est -ce qu'on fait aujourd'hui?
- ■ **b**
- ● Et qu'est-ce qu'on fera demain?
- ■ **g, h, f**

lire **3** Lis le texte. Écris les projets d'Emmanuel en anglais.

Emmanuel a 14 ans et va au collège à Bordeaux. S'il a de bonnes notes, il quittera le collège à 16 ans et il ira au lycée où il étudiera les sciences. Ensuite, il ira à l'université pour faire une licence de sciences et une licence d'anglais. Après, il voyagera un peu, y compris en Afrique et en Amérique. Comme il veut utiliser sa langue étrangère, il travaillera à Londres dans un hôpital ou un laboratoire. À 30 ans, il aura un appartement à Londres et il sera heureux …

écrire **4** Tu es Alex. Écris tes projets d'avenir en français.

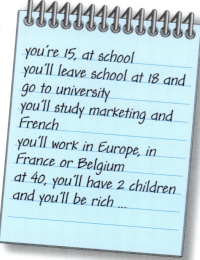

you're 15, at school
you'll leave school at 18 and go to university
you'll study marketing and French
you'll work in Europe, in France or Belgium
at 40, you'll have 2 children and you'll be rich …

Le monde de l'avenir

 1 Écoute et lis ce texte de 1999.

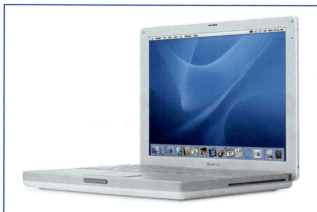

Le savoir est dans le réseau

Tout savoir? Impossible! Après l'heure des spécialistes, voici venue l'heure des généralistes branchés … sur le réseau mondial. Des livres, des films, des images, des encyclopédies remises à jour seront disponibles sur Internet. S'informer, échanger sur le réseau sera bientôt un geste aussi banal qu'ouvrir un livre.

Le réseau, rien que le réseau

Dans dix ans, magnétoscopes, cassettes vidéo, lecteurs de CD, disques compacts ne seront plus utiles. Tous ces appareils pourront être remplacés par un seul ordinateur. Pour écouter de la musique, voir des films ou lire des romans, il suffira de se connecter sur Internet et de télécharger le dossier souhaité.

École et loisirs

Demain, on jouera avec des consoles, des écrans, des lunettes en 3D et des images virtuelles. On visitera un musée à l'autre bout du monde en restant chez soi. On fera du ski virtuel …
Grâce à Internet, l'éloignement ne sera plus un problème.

2 Choisis un titre pour ce texte.

    a Les langues et l'avenir
    b Bienvenue dans le cybermonde
    c Mes passe-temps

3 Choisis la bonne définition pour chaque mot.

1	le réseau mondial	*the world net/the worldwide web*
2	télécharger	*to download/to telephone*
3	un dossier	*a file/an envelope*
4	le savoir	*knowing/knowledge*
5	disponible	*available/possible*
6	un écran en 3D	*a 3D screen/a 3D effect*
7	à l'autre bout du monde	*at the other end of the world/about the world*
8	grâce à	*disgracing/thanks to*
9	l'éloignement	*distance/far away*

lire **4** À deux. En anglais, fais une liste des prédictions dans le texte de l'exercice 1.
Coche les prédictions qui sont déjà la réalité.

parler **5** Prépare une présentation sur le collège de l'avenir.
Utilise un dictionnaire, si nécessaire.

Dans le passé,	il y avait il n'y avait pas de/d'	(un) tableau(x) noir(s). (des) ordinateurs.
Aujourd'hui,	il y a il n'y a pas (beaucoup) de/d'	(un) tableau(x) blanc(s). (des) lecteurs de CD.
Dans l'avenir,	il y aura il n'y aura pas de/d'	(un) ordinateur pour chaque personne. livres.

écouter **6** Écoute Rolf en 2030. Il parle de son week-end à la maison.
Copie et complète la grille.

Hier	Aujourd'hui	Demain
J'ai vu un film d'horreur		

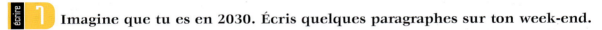

écrire **7** Imagine que tu es en 2030. Écris quelques paragraphes sur ton week-end.

Décris:
- ce que tu as fait hier
- ce que tu fais aujourd'hui
- ce que tu feras demain

Encore des prédictions

 1 Lis, écoute et chante!

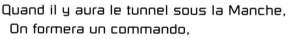

Le tunnel sous la Manche

Quand il y aura le tunnel sous la Manche,
Ça nous changera drôlement la vie.
Tous les week-ends, on quittera la France,
En prenant nos économies.
Quand il y aura le tunnel sous la Manche,
Les Londoniens seront ravis.
Leurs boutiques ouvriront le dimanche
De Wall Street à Piccadilly.
Elles offriront à notre convoitise
Tous les trésors de l'Angleterre.
On ne pourra plus fermer nos valises
Pleines de cashmeres et de mohairs.

Quand il y aura le tunnel sous la Manche,
On formera un commando,
Qui se battra pour ramener en France
Une chemise de Ringo!
Quand il y aura le tunnel sous la Manche,
Plus de galas à la Bourboule.
On cherchera à tenter notre chance
Dans la région de Liverpool.
On apprendra la langue de Shakespeare,
Pour passer dans tous les juke-box.
En moins de temps qu'il ne faut pour le dire,
On part en tête du cash-box.

Quand il y aura le tunnel sous la Manche,
Si tout se passe comme il faut.
En première page des journaux du dimanche,
S'étalera notre photo.
On sera tous invités par la reine,
Avec les Beatles et Tom Jones,
Car vous verrez que nous les Parisiennes …
On épousera les Rolling Stones!

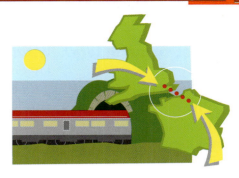

2 **En groupes. Répondez aux questions en anglais.**

1 When do you think this song was written?
Give a reason for your answer.
a in the 1940s
b in the 1960s
c in the 1990s

2 What do you think might have been
the name of the group who sang this
song? Give a reason for your answer.
a Les garçons
b Les Londoniens
c Les Parisiennes

3 This song is full of future tense verbs.
Translate into English at least four
things the singers say will happen
when the Channel Tunnel is built.

3 **À deux. Complète ces phrases. Utilise ton imagination.**

- Quand il y aura des voyages sur la Lune, …
- Quand il y aura des maisons sur la planète Mars, …
- Quand il n'y aura plus de guerres, …
- Quand il y aura …

Qu'est-ce qu'on fera? — *What will we do?*

demain …	*tomorrow …*
on mangera	*we'll eat*
on ira	*we'll go*
on regardera	*we'll watch*
on jouera	*we'll play*
on rentrera	*we'll go home*
on écoutera	*we'll listen to*
on fera	*we'll do/make*
on n'ira pas	*we won't go*
on ne mangera pas	*we won't eat*
après	*afterwards*
d'abord	*(at) first*
puis	*then*

À la Fête de la musique — *At the music festival*

la chorale	*choir*
un concours	*a competition*
la fanfare	*brass band*
une grillade	*a barbecue*
la musique rap	*rap music*
l'orchestre	*orchestra*

Les projets d'avenir — *Future plans*

Je suis en troisième.	*I'm in Year 9/S2.*
Je serai à l'université.	*I will be at university.*
Je parlerai couramment trois langues.	*I will speak three languages fluently.*
Je ferai du bénévolat.	*I will do voluntary work.*
J'habiterai aux États-Unis.	*I will live in the USA.*
Je ferai le tour du monde.	*I will go round the world.*
Je rencontrerai la femme/l'homme de mes rêves.	*I will meet the woman/man of my dreams.*
J'aurai quatre enfants.	*I will have four children.*
Je serai heureux (heureuse).	*I will be happy.*
à 16 ans …	*at the age of 16 …*
en ce moment	*now*

La météo — *The weather forecast*

aujourd'hui …	*today …*
demain …	*tomorrow …*
il fera chaud	*it will be hot*
il fera froid	*it will be cold*
il y aura du soleil	*it will be sunny*
il y aura du vent	*it will be windy*
il pleuvra	*it will rain*
il neigera	*it will snow*
le ciel sera couvert	*the sky will be overcast*
partout	*everywhere*

Quand je quitterai le collège … — *When I leave school …*

J'apprendrai le français.	*I will learn French.*
J'aurai mon propre garage.	*I will have my own garage.*
Je continuerai mes études.	*I will continue my studies.*
Je ferai un apprentissage.	*I will do an apprenticeship.*
Je ferai une licence de …	*I will do a degree in …*
J'irai au lycée.	*I will go to the lycée [school for 16–19 year-olds].*
J'irai à l'université.	*I will go to university.*
Je serai mécanicien(ne).	*I will be a mechanic.*
Je serai diplômé(e).	*I will have a degree.*
Si j'ai de bonnes notes …	*If I get good results …*
Si mes rêves se réalisent …	*If my dreams come true …*
propre	*own*
avoir confiance en moi	*to have confidence in myself*
travailler en équipe	*to work as (part of) a team*

Pourquoi apprendre les langues?

Why learn languages?

apprécier la culture	*to appreciate the culture*
le commerce	*business*
une entreprise	*a company*
comprendre	*to understand*
un employé	*an employee*
un habitant	*an inhabitant*
une langue étrangère	*a foreign language*
le monde	*the world*
un mot	*a word*
parler anglais	*to speak English*
un pays étranger	*a foreign country*
un peu	*a little*
plus de 75%	*more than 75%*
sympathique	*friendly*
seulement	*only*
utiliser	*to use*
créer un site Internet	*to create a website*
J'écris des e-mails.	*I write e-mails.*
Je parle aux clients.	*I speak to the customers.*
Je suis responsable de …	*I am in charge of …*
Je traduis pour mes collègues.	*I translate for my colleagues.*
en français	*in(to) French*

Les conjonctions

Connectives

car	*because*
comme	*like/as*
donc	*therefore*
par exemple	*for example*
puisque	*since*
y compris	*including*
en général	*in general*

Stratégie 2
Endings not beginnings

When you want to work out what a verb means look at the end of the word as well as the beginning.

*regard***er**	to watch (the infinitive)
*regard***e**	watch/watching (present tense)
*regard***é**	watched (past participle)
*regard***erai**	will watch (future tense)

3 En bonne santé?

1 *Je suis malade* Talking about illness
Expressions with *avoir* and *être*

1 Écoute et regarde les images. Qui parle? (1–7)

Exemple: **1** Thomas

a	b	c	d	e	f	g
Tarik	Claire	Thomas	Mathilde	Louis	Pauline	Vincent

J'ai mal à la tête. J'ai mal à l'oreille. J'ai mal à la gorge.

J'ai mal au ventre. J'ai mal aux dents. J'ai mal au cœur. J'ai mal au dos.

2 Écoute et vérifie.

3 Écris une phrase pour chaque image. Ça se prononce comment, à ton avis?

Exemple: **1** J'ai mal à la main.

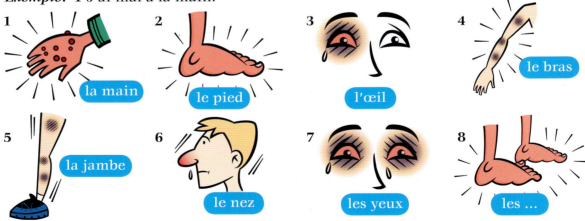

1 la main 2 le pied 3 l'œil 4 le bras

5 la jambe 6 le nez 7 les yeux 8 les …

4 À deux. Exagère un peu!

■ J'ai mal à la gorge.
● Moi, j'ai mal à la gorge et j'ai mal au bras.
■ Oui, mais moi, j'ai mal à la gorge, j'ai mal au bras et j'ai …

5 Lis l'e-mail et mets les images dans le bon ordre.

Boîte de réception | Messages envoyés | Brouillons

Salut Chloé!

Je suis désolé, mais je ne peux pas venir à ta fête d'anniversaire, parce que je suis malade depuis hier. Soudain, j'ai très chaud. La minute d'après, j'ai très froid. Je ne peux pas manger, car je n'ai pas faim, mais j'ai soif tout le temps et je bois beaucoup d'eau. Je suis très fatigué aussi, donc je dors beaucoup. Le médecin dit que j'ai de la fièvre et que j'ai peut-être la grippe. En tout cas, je ne peux pas sortir. Je dois rester au lit. C'est nul! Excuse-moi.

Lucas

a   **b**   **c**   **d**   **e**   **f**

6 Aujourd'hui, au collège, il y a un contrôle de maths. Écoute les excuses. Copie et complète la grille avec les symptômes et les causes. (1–3)

	Prénom	Symptômes	Cause
1	Léane	mal au ventre, …	hamburger-frites
2	Nicolas		
3	Yasmina		

contrôle = test

Expo-langue ▶
Grammaire 4.7

Some French expressions use the verb **avoir** (*to have*) where English uses the verb *to be*.
Il **a** quatorze ans. = He *is* fourteen years old.
J'**ai** froid. = *I am* cold.

7 Écoute et répète.

Zut alors! Fleur Dumas est enrhumée!
Oh, malheur! Hugo Lemieux a mal au cœur.

To make the French **eu** sound, try saying *-er* in English (as though you were hesitating), but stick your bottom lip out a bit more!
To make the French **u** sound, try saying *ooh* in English, but pull your top lip down a bit!

8 À deux. Excuse ton copain/ta copine.

● Je suis désolé(e), mais (Liam/Emma) ne peut pas venir au collège aujourd'hui. Hier, il/elle a joué/mangé/fait … et il/elle a chaud/mal … Il/Elle est … aussi …

9 Écris un e-mail à ton copain Adrien.
Explique pourquoi tu ne peux pas aller au match.

| depuis | car | donc | parce que | peut-être |

écouter **1** Écoute, lis et trouve les paires. (1–5)

Exemple: **1** e

1 Le week-end dernier, j'ai joué au rugby …

2 Il y a deux jours, j'ai préparé des légumes …

3 Hier, je me suis fait bronzer, mais je suis restée trop longtemps au soleil …

4 La semaine dernière, j'ai fait du ski …

5 Samedi dernier, je suis tombée de mon vélo …

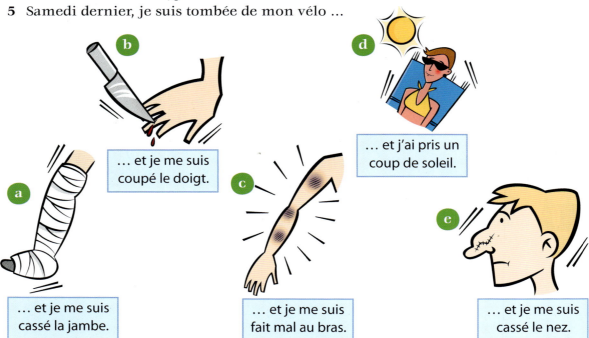

b … et je me suis coupé le doigt.

d … et j'ai pris un coup de soleil.

a … et je me suis cassé la jambe.

c … et je me suis fait mal au bras.

e … et je me suis cassé le nez.

écouter **2** Des accidents bizarres! Écoute, copie et complète la grille. (1–4)

	Activité	Accident
1	baby-foot	cassé la jambe
2		

parler **3** À deux. Invente un dialogue sur un accident bizarre.

■ Salut, (Stéphanie)! Ça ne va pas?

● Non, ça ne va pas!

■ … ?

Qu'est-ce qui ne va pas?	*What's wrong?*
C'est pas vrai!	*You're kidding!*
Quelle horreur!	*How terrible!*

Expo-langue ▶ Grammaire 3.12

Reflexive verbs use **être** in the perfect tense.

je me **suis**	
tu t'**es**	
il/elle/on s'**est**	cassé la jambe
nous nous **sommes**	coupé le doigt
vous vous **êtes**	fait mal au bras
ils/elles se **sont**	

lire 4 Lis le texte et trouve les équivalents français.

Île de paradis – vacances d'enfer!

Il y a deux ans, ma famille et moi sommes allés en vacances en Guadeloupe. Ah! Les belles plages blanches! La mer si bleue et tranquille! L'hôpital splendide de la capitale, Pointe-à-Pitre! Comment ça, l'hôpital?! C'est une triste histoire …

D'abord, ma mère, qui adore le sport, a fait du ski nautique. Elle a vu mon beau-père sur la plage, elle lui a fait un signe de la main et houp! Elle est tombée. Résultat: deux doigts et une dent cassés. Puis mon beau-père, qui a vu l'accident, a plongé dans la mer, où il s'est fait piquer au pied par une méduse. Résultat: le pied gonflé comme un ballon.

Et moi? Malheureusement, je suis resté trop longtemps sur la plage. Résultat: un coup de soleil affreux! Rouge comme une tomate. Quel idiot! Et quelles vacances désastreuses!

Yanis

1 paradise island	4 dived into the sea	7 swollen
2 holidays from hell	5 he was stung	8 a terrible sunburn
3 she waved to him	6 a jellyfish	

lire 5 Trouve dans le texte …

1 adjectives
2 exclamations
3 repetition
4 images (e.g. as red as a tomato)

écrire 6 Copie et complète les phrases.

1 Yanis et sa famille sont allés …
2 Les plages en Guadeloupe sont … et …
3 La mère de Yanis a fait …
4 Elle est tombée et s'est cassé …
5 Le beau-père de Yanis s'est …
6 Yanis est resté trop …

écrire 7 Décris des vacances désastreuses. Écris deux ou trois paragraphes. Utilise les détails en anglais.

Il y a deux ans, je suis allé(e) en vacances en … avec …
D'abord, mon frère a fait … Il s'est …
Puis ma sœur s'est fait …
Et moi, je me suis … sur une …

Spain
me – cut hand on bottle
sister – stung by wasp (*une guêpe*)
brother – broke leg jet-skiing

 **1** Écoute et lis.

Es-tu Homer Simpson ou Superman?
Deux jeunes parlent de leur forme.

J'adore les fruits et j'en mange beaucoup. Hier, par exemple, j'ai mangé une banane et un yaourt au petit déjeuner, une pomme et une pêche à midi, et le soir, comme dessert, j'ai pris une salade de fruits. Malheureusement, j'aime aussi les hamburgers-frites! C'est mauvais pour la santé, mais je trouve ça délicieux. Je sais que je ne bois pas assez d'eau, mais je préfère le coca. Je ne suis pas très sportif, donc je ne fais pas beaucoup d'exercice. Mais d'habitude, je vais au collège à pied et je fais de la natation une fois par semaine. Samedi dernier, j'ai aussi fait du VTT avec mes copains. Je ne fume jamais.
Tarik

À mon avis, je mange assez sain. Par exemple, je ne mange plus de chips, de frites et de chocolat, mais je n'aime pas beaucoup les légumes et je n'en mange pas souvent. Pour être en forme, il faut aussi boire beaucoup d'eau. J'en bois deux litres par jour. Et il est important d'être actif. Moi, je suis assez sportive et je fais beaucoup d'exercice. Tu connais le taï-chi? J'en fais tous les matins. C'est très bon pour la santé. Et la semaine dernière, je suis allée deux fois à la gym. J'ai fait de l'aérobic et du judo. Ma faiblesse, c'est que je fume. Mais je ne fume que deux cigarettes par jour.
Pauline

2 Vrai (✔) ou faux (✗)?

1 Tarik mange beaucoup de fruits.
2 Pauline ne mange pas de chips.
3 Hier soir, Tarik a mangé une pomme et une pêche.
4 Pauline boit beaucoup d'eau.
5 Tarik n'aime pas les fast-foods.
6 Pauline fait du judo tous les matins.
7 Tarik fait beaucoup d'exercice.
8 La semaine dernière, Pauline a fait de l'aérobic.
9 Tarik ne fume pas.
10 Pauline fume beaucoup.

Expo-langue ▶ Grammaire 3.10

Negative expressions go around the verb.

Je **ne** mange **plus** de frites.
= I don't eat chips *any more*.
Je **ne** bois **que** du coca. = I *only* drink coke.
Je **n'**ai **jamais** fumé. = I have *never* smoked.

Expo-langue ▶ Grammaire 1.12

The pronoun **en** replaces **de** + noun.
It goes in front of the verb.

Je mange beaucoup **de légumes**.
= I eat lots *of vegetables*.
J'**en** mange beaucoup.
= I eat lots *of them*.

3 Fais un sondage. Pose les questions à cinq personnes.

- Manges-tu sain?
- Qu'est-ce que tu as mangé hier soir?
- Quelle est ta faiblesse?
- Qu'est-ce que tu as fait comme exercice la semaine dernière?

4 Écris les résultats de ton sondage.

Exemple: Mark mange assez sain. Hier soir,
il a … Sa faiblesse est …
La semaine dernière, il …

5 Écoute les deux interviews.
Copie et complète la grille.

	Manger		Boire		Exercice/Fume?
	Positif	Négatif	Positif	Négatif	
Isabelle	fruits, légumes	chocolat			
Samuel					

faire du kickboxing
de la salsa
des cours d'aérobic
végétarien(ne)

6 À deux. Isabelle et Samuel: parle du côté positif et négatif.

- Samuel fait beaucoup d'exercice.
- Oui, mais il fume. Isabelle mange beaucoup de …
- Oui, mais elle adore …

7 Imagine que tu es Isabelle ou Samuel. Écris un paragraphe.

Pour être en forme	je joue/fais … … fois par semaine.
À mon avis,	je mange assez/très sain. je ne mange/bois pas assez de …
Hier soir/La semaine dernière	j'ai mangé/joué … je suis allé(e) …
Ma faiblesse, c'est …	
Je ne fume que … cigarettes par jour. Je n'ai jamais fumé.	

Mini-test

I can …
- talk about illness
- use expressions with *avoir* and *être*
- talk about injuries
- use the perfect tense of *être* verbs
- talk about healthy living
- use negatives

1 Écoute et lis le texte. Devine le nouveau vocabulaire. Vérifie les mots dans un dictionnaire, si nécessaire.

VOTRE BUT, C'EST LA FORME!

Les ennemis sont la faiblesse, la paresse et la gourmandise!

Hier à midi, avez-vous mangé un paquet de chips, des frites et peut-être du chocolat? Ou avez-vous pris du poulet, une salade, des fruits? Hier soir, êtes-vous resté à la maison, devant la télé? Ou avez-vous fait une promenade, ou même un peu de sport? Et vous vous êtes couché à quelle heure? Avez-vous dormi huit heures?

Pour être en forme, suivez ces sept règles simples:

▼ Mangez moins gras et moins de sucreries.
▼ Achetez plus de fruits et de légumes.
▼ Buvez beaucoup d'eau.
▼ Faites beaucoup d'exercice.
▼ Dormez huit heures par nuit.
▼ Évitez le stress.
▼ Ne fumez pas.

2 Relis le texte. Copie et complète les phrases.

Exemple:
1 Il faut faire beaucoup d'exercice.

1 Il faut faire …
2 Il faut boire …
3 Il faut dormir …
4 Il faut manger …
5 Il faut éviter …
6 Il faut acheter …

> il faut = you must
> il faut boire = you must drink

Expo-langue ▶ Grammaire 3.9

You use the **imperative** to tell somebody to do or not do something.
With people you address as **vous**, the imperative is the present tense **vous** form minus the word **vous**.

Mangez moins gras. = *Eat* less fatty food.
Ne **fumez** pas. = Don't *smoke*.

3 Écoute et écris une phrase à l'impératif pour chaque personne. (1–5)

Exemple: **1** Mangez moins de sucreries.

4 À deux. Imagine que tu es médecin et que ton/ta partenaire n'est pas en forme. Utilise les images, si tu veux.

■ Je sais que c'est mauvais pour la santé, mais j'adore les fast-foods et hier, par exemple, j'ai mangé un hot-dog avec des frites.
● Vous ne mangez pas sain, et c'est pourquoi vous avez mal au ventre. Mangez moins gras. Mangez …

1 ♥ fast-foods   Hier

2 ♥ sortir le soir   Hier

3 ✗♥ le sport   Hier

4 Ma faiblesse Hier 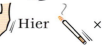 × 10

5 Des conseils. Écoute les deux dialogues et choisis les bonnes phrases. (1–2)

Exemple: **1** h, ...

Expo-langue ▶ Grammaire 3.9

With people you address as **tu**, the imperative is the present tense **tu** form minus the word **tu**. -**er** verbs drop the **s** at the end of the verb.

Bois beaucoup d'eau.
= *Drink* a lot of water.
Ne **mange** pas trop de chocolat.
= Don't *eat* too much chocolate.

a Prends une salade.
b Joue au basket.
c Ne prends pas le bus.
d Bois du jus de fruit.
e Ne mange pas de frites.
f Va à la gym.
g Va au collège à pied.
h Fais un peu de sport.

6 À deux. Imagine que tu donnes des conseils à un copain/une copine.

- ■ Je n'achète jamais de légumes.
- ● Achète plus de légumes!

- ● Je n'achète jamais de légumes.
- ● Je ne fais pas assez d'exercice.
- ● Je fume.
- ● Je mange beaucoup de bonbons.
- ● Je ne bois pas d'eau.
- ● Je ne dors que six heures par nuit.

7 Écris un dialogue amusant chez le médecin ou entre un couple qui parle. Si tu veux, choisis des personnes célèbres comme les Simpson, Superman, le Roi Louis XIV...

- ■ J'ai très faim! Je vais prendre un gâteau au chocolat!
- ● Chéri, tu as mangé du gâteau au petit déjeuner et à midi! Ne mange pas ça. Pour être en forme, il ne faut pas manger trop de ... Prends ...
- ■ Je sais que c'est mauvais ... , mais je n'aime pas ...
  Hier, j'ai ... mais demain, je vais ...

8 À deux. Apprends ton dialogue par cœur et présente-le à la classe.

1 Écoute et lis.

Salut! Je m'appelle Théo, et tous les ans, je vais en vacances avec mes copains, Sébastien, Mathilde et Léna. Beaucoup de personnes préfèrent les vacances tranquilles, mais nous, on aime les vacances actives et même dangereuses! Le seul problème, c'est que Mathilde et Sébastien ne sont pas toujours d'accord sur la destination. Elle, elle adore les pays chauds, mais lui, il préfère les pays froids. Léna et moi, on aime les deux.

L'année dernière, on est allés dans les Alpes, où on a fait pas mal d'activités sportives. Moi, j'adore l'eau et Léna aussi. Donc on a fait du canyoning et du canoë-kayak. C'était passionnant, mais l'eau était très froide! Mathilde et Sébastien n'aiment pas ça. Donc eux, ils sont allés à la montagne pour faire de l'escalade. Malheureusement, Sébastien est tombé et s'est fait mal au pied. Nous, on a fait toutes sortes d'activités, mais lui, il a passé le reste de la semaine sur la terrasse de l'hôtel, le pauvre!

L'année prochaine, on ira en Tunisie. Sébastien et moi voulons faire du char à voile, mais les filles ne veulent pas en faire. Elles, elles veulent aller dans le Sahara à dos de chameau! Et toi, qu'est-ce que tu feras pendant les vacances?

Théo

2 Qui ...

1 ... préfère les pays chauds?
2 ... aime les pays froids?
3 ... n'a pas de préférence?
4 ... a fait du canyoning et du canoë-kayak?
5 ... a fait de l'escalade?
6 ... s'est fait mal au pied?
7 ... veut faire du char à voile?
8 ... veut voir le désert à dos de chameau?

Expo-langue ▶ Grammaire 1.10

You use emphatic pronouns to draw attention to the subject pronoun.
Elle, elle adore les pays chauds. = _She_ loves hot countries.

Subject pronoun	Emphatic pronoun	Subject pronoun	Emphatic pronoun
je	**moi**	nous	**nous**
tu	**toi**	vous	**vous**
il/elle	**lui/elle**	ils/elles	**eux/elles**

lire **3** Trouve des pronoms toniques (emphatic pronouns) dans le texte de l'exercice 1.

écouter **4** Écoute et relie les prénoms et les activités.

Exemple: 1 Emma

Emma   Hugo   Gabriel   Marine   Lola

parler **5** À deux. Imagine que ton/ta partenaire et toi allez en vacances avec des copains. Regarde les images et parle des activités que vous voulez faire.

Exemple:
- ■ Toi, qu'est-ce que tu veux faire?
- ● Moi, je veux faire du ski. Et Romain, qu'est-ce qu'il veut faire?
- ■ Lui, il veut …

Expo-langue

Vouloir = to want

je veux	nous voulons
tu veux	vous voulez
il/elle/on veut	ils/elles veulent

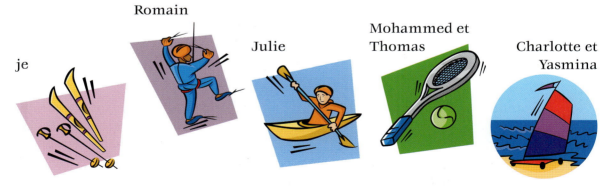

écrire **6** Imagine que tu es allé(e) en Espagne avec un copain/une copine. Écris deux ou trois paragraphes.

> L'année dernière/Il y a deux ans, je suis allé(e) en vacances en Espagne, avec un copain/une copine. (Julie) et moi, on aime l'eau. Donc moi, j'ai fait … et elle, elle a …
> L'année prochaine, on ira/fera …

Unité 1

I can

- talk about illness
- pronounce the sounds *eu* and *u*
- G use expressions with *avoir* and *être*

J'ai mal à la tête et mal au dos.
cœur, yeux, enrhumé
Il a froid et il est fatigué.

Unité 2

I can

- describe injuries
- explain how accidents happened

- G use the perfect tense of reflexive verbs
- G use other *être* verbs in the perfect tense

Je me suis cassé la jambe.
Il a fait du ski et il s'est fait mal au bras.
Je me suis coupé le doigt.
Elle est tombée de son vélo.

Unité 3

I can

- talk about healthy living

- G use the pronoun *en*

- G use negative expressions

Je mange assez sain, mais je ne fais pas assez d'exercice. Ma faiblesse, c'est le chocolat.
J'adore les fruits et j'en mange beaucoup.
Je n'ai jamais fumé. Je ne mange plus de viande. Je ne bois que du coca.

Unité 4

I can

- understand and give advice

- G use imperatives

Il faut manger moins gras.
Ne prends pas le bus, va au collège à pied.
Prends une salade. Fais du sport. Ne fumez pas.

Unité 5

I can

- understand a complex text

- create longer conversations and pieces of writing

- G use emphatic pronouns

Beaucoup de personnes préfèrent les vacances tranquilles, mais nous, on aime les vacances actives et même dangereuses.
Julie et moi, on adore l'eau. Donc moi, j'ai fait du canoë et elle, elle a fait du canyoning. L'année prochaine, on ira en Tunisie …
Elle, elle adore les pays chauds, mais lui, il préfère les pays froids.

1 Écoute. Choisis les bonnes images pour Vincent et Léane. Il y a deux images de trop. (1–2)

Exemple: 1 Vincent: i, …

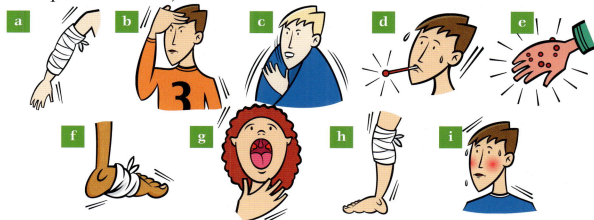

a   b   c   d   e

f   g   h   i

2 À deux. Interviewe ton/ta partenaire. Prépare tes réponses.

- Qu'est-ce que tu fais pour être en forme?
- As-tu une faiblesse?
- Qu'est-ce que tu as fait pour ta forme la semaine dernière?
- Qu'est-ce que tu feras comme exercice la semaine prochaine?

3 Lis l'e-mail et les phrases. Qui est-ce?

Boîte de réception	Messages envoyés	Brouillons

Dans ma famille, on prend la santé très au sérieux! D'abord, on mange sain. Ma mère et moi, on est végétariens (mais pas mon père, lui, il adore la viande!). Donc on mange beaucoup d'œufs, de fromage et de légumes. Et on fait beaucoup de sport. Mon père et moi, on va à la gym quatre fois par semaine et ma mère aussi. Hier, nous, on a fait de la musculation et elle, elle a fait du judo. Elle dit que la semaine prochaine, elle fera du kickboxing! Mes parents ne fument pas. Lui, il n'a jamais fumé et elle, elle ne fume plus. Ma faiblesse, c'est les frites, mais je n'en mange pas souvent, car c'est mauvais pour la santé.
Hakim

Qui …

1 … mange de la viande?
2 … est végétarien?
3 … va souvent à la gym?
4 … a fait de la musculation?

5 … fera du kickboxing?
6 … ne fume plus?
7 … n'a jamais fumé?
8 … ne mange pas souvent de frites?

 4 Imagine que tu es un superhéros! Écris ta réponse aux questions de l'exercice 2. Écris un paragraphe.

Mots et maladies

 1 **Regarde les images, écoute et complète les phrases. (1–5)**

Here are some French colloquialisms which use words for parts of the body.
(Think of the English 'You've put your foot in it' when somebody makes a mistake!)

2 **Copie et complète les dialogues avec des phrases de l'exercice 1.**

1 ■ Maman, je ne veux pas aller au lit. Je veux regarder la télé.
   ● Va au lit! Et ⬜⬜⬜⬜!
2 ■ C'est combien, les baskets?
   ● Deux cents euros! ⬜⬜⬜⬜!
3 ■ Qu'est-ce que tu veux manger?
   ● ⬜⬜⬜⬜! Je vais prendre une pizza au jambon et des spaghettis.
4 ■ Tu sais, ma sœur est sortie avec Brad Pitt!
   ● Ta sœur est sortie avec Brad Pitt? ⬜⬜⬜⬜!
5 ■ Qu'est-ce que tu vas porter pour la fête demain?
   ● Je ne sais pas. ⬜⬜⬜⬜!

3 À deux. Fais des dialogues comme dans l'exercice 2.

 4 Lis, écoute et chante!

Il ne faut pas faire ceci

Bonjour, je m'appelle Pierre Dupont,
Je suis petit et j'ai huit ans.
Maman dit: «Ne mange pas ça,
C'est très mauvais, le chocolat!
Mange tes légumes, tes brocolis,
Ou sinon, tu vas au lit!»

Refrain

Il ne faut pas faire ceci,
Il ne faut pas faire cela,
C'est mauvais pour la santé,
C'est dangereux, tout ça, tu sais?

Et maintenant j'ai quatorze ans,
Mais ce n'est pas toujours marrant.
Le prof de gym m'a dit hier:
«Tu es paresseux, Pierre!
Arrête cette musique! C'est trop fort!
Laisse ta Gameboy, fais du sport!»

Refrain

Maintenant j'ai trente-cinq ans,
Et mon travail est stressant.
Le docteur dit: «Ne fumez pas!
Relaxez-vous, faites du yoga.
Il ne faut pas boire de vin!
Buvez de l'eau et mangez sain!»

Refrain

 5 Fais une liste des choses que Pierre doit faire et ne doit pas faire.

Exemple: Il ne doit pas manger de chocolat. Il doit manger des …

Les problèmes de santé

1 Lis rapidement et trouve l'essentiel des deux textes.

Which one is about …
1 … the increase in the number of children with weight problems?
2 … three different types of drinking water?

a

Maigrir, et après?

Les études scientifiques ont établi un terrible constat: dans vingt ans, 25% des enfants connaîtront un problème de surpoids sévère. Si l'obésité est avant tout un phénomène génétique, d'autres facteurs comme le grignotage, une alimentation trop riche, ou encore le manque d'exercice jouent un rôle important dans la prise de poids.

b

Eau minérale, de source ou du robinet: quelle différence?

L'eau minérale possède des propriétés favorables à la santé et sa composition reste constante. L'eau de source est une eau pure, qui n'a pas d'effet thérapeutique et dont la teneur en minéraux est variable. L'eau du robinet est saine et potable, mais n'a pas toujours bon goût.

2 Trouve les équivalents français dans les textes. Vérifie les mots dans le glossaire ou un dictionnaire, si nécessaire.

1 a severe weight problem
2 spring water is a pure water
3 other factors like snacking
4 tap water is healthy and drinkable
5 over-rich food
6 the lack of exercise
7 doesn't always have a good taste
8 play an important role in putting on weight

3 Réponds aux questions en anglais.

1 How many children are expected to become overweight and by when?
2 What are three of the causes of obesity amongst children?
3 What are the three types of drinking water mentioned?
4 What are the good and bad points of tap water?

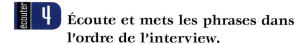

4 Écoute et mets les phrases dans l'ordre de l'interview.

Exemple: e, …

L'obésité chez l'adolescent: une bombe à retardement

a Il faut prendre ce problème au sérieux.
b Pour brûler des calories, il faut être actif.
c Les hamburgers-frites, etc. sont trop riches en matières grasses et en calories.
d Un adulte obèse aura souvent des problèmes de santé sérieux, comme du diabète et des maladies de cœur.
e On va parler du problème de l'obésité chez l'adolescent.
f Aujourd'hui, seize pour cent d'enfants sont obèses.

5 Trouve la bonne fin pour chaque phrase.

Exemple: **1** L'obésité chez l'adolescent est un problème assez nouveau.

1 L'obésité chez l'adolescent est …
2 Il y a vingt ans, cinq pour cent …
3 Un enfant obèse sera souvent …
4 Les causes sont d'abord les …
5 L'obésité est aussi le résultat d'un …
6 Beaucoup d'enfants en France …

… manque d'activité physique.

… d'enfants en France étaient obèses.

… un adulte obèse.

… un problème assez nouveau.

… fast-foods et les boissons sucrées, comme le coca.

… passent trop de temps devant la télé.

6 Écris un résumé en anglais sur le problème de l'obésité chez l'adolescent.

Les maladies

J'ai ...
... mal au dos
... mal au ventre
... mal au pied
... mal au bras
... mal au nez
... mal à la tête
... mal à la gorge
... mal à la main
... mal à la jambe
... mal à l'oreille
... mal à l'œil
... mal aux dents
... mal aux yeux
J'ai mal au cœur.

Les symptômes

J'ai chaud.
J'ai froid.
J'ai faim.
J'ai soif.
J'ai de la fièvre.

J'ai la grippe.
Je suis fatigué(e).
Je suis enrhumé(e).
Je suis malade.
depuis
car
donc
puisque
peut-être

Illnesses

I've got ...
... backache
... stomach-ache
... a bad foot
... a bad arm
... a sore nose
... a headache
... a sore throat
... a bad hand
... a bad leg
... earache
... a sore eye
... toothache
... sore eyes
I feel sick.

Symptoms

I'm hot.
I'm cold.
I'm hungry.
I'm thirsty.
I've got a temperature.
I've got flu.
I'm tired.
I've got a cold.
I'm ill.
since
because/as
so/therefore
as/since
perhaps

Les accidents

Qu'est-ce qui ne va pas?
Je suis tombé(e).
Je suis resté(e) trop longtemps au soleil.
Je me suis fait bronzer.
Je me suis cassé la jambe.
Je me suis coupé le doigt.
Je me suis fait mal au bras.
Je me suis fait piquer.
J'ai pris un coup de soleil.
une guêpe
une méduse
C'est pas vrai!
C'est bizarre!
Quelle horreur!

La forme

bon pour la santé
mauvais pour la santé
Je mange sain.
Je bois beaucoup d'eau.

Je suis végétarien(ne).
Je vais à la gym.
Je fais du kickboxing.
Je fais de la musculation.
Je fais de la salsa.
Je fais de l'aérobic.
Je fume.
Ma faiblesse, c'est ...
ne ... jamais
ne ... plus
ne ... que

Accidents

What's wrong?
I fell.
I stayed in the sun too long.
I sunbathed.
I broke my leg.

I cut my finger.

I hurt my arm.

I got stung.
I got sunburnt.

a wasp
a jellyfish
You're kidding!
That's weird!
How terrible!

Fitness

good for your health
bad for your health
I eat well.
I drink a lot of water.

I'm a vegetarian.
I go to the gym.
I do kickboxing.
I do weight-lifting.

I do salsa dancing.
I do aerobics.
I smoke.
My weakness is ...
never
no more, no longer
only

Les conseils

Mangez/Mange moins gras.	*Eat less fatty food.*
Mangez/Mange moins de sucreries.	*Eat less sweet food.*
Achetez/Achète plus de légumes.	*Buy more vegetables.*
Buvez/Bois beaucoup d'eau.	*Drink a lot of water.*
Dormez/Dors huit heures par nuit.	*Sleep eight hours a night.*
Évitez/Évite le stress.	*Avoid stress.*
Allez/Va au collège à pied.	*Go to school on foot.*
Prenez/Prends une salade.	*Have a salad.*
Faites/Fais de l'exercice.	*Do some exercise.*
Ne fumez/fume pas.	*Don't smoke.*
Il faut …	*You must …*

Les pronoms toniques — *Emphatic pronouns*

moi	*I*
toi	*you*
lui	*he*
elle	*she*
nous	*we*
vous	*you*
eux	*they (m)*
elles	*they (f)*

Les activités de vacances — *Holiday activities*

le canoë-kayak	*canoeing*
le canyoning	*canyoning*
le char à voile	*sand-yachting*
le ski	*skiing*
la natation	*swimming*
l'escalade	*rock-climbing*

Stratégie 3
Learning new vocabulary

What works best for you? Here's another tip.

Sometimes you can recognise a French word or even remember how to spell it, but forget what it means. One way of remembering words that just won't stick is to put them into English sentences and repeat them to yourself.

For example, to remember the French words for 'summer' and 'winter' you could say 'The weather's always a lot nicer *en été* than *en hiver.*' Or to remember the word for 'always' you could say 'I'm *toujours* forgetting to hand my homework in on time.' See how many more you can come up with. The funnier the better!

1 Quand j'étais petit(e) ... Talking about what you used to do
The imperfect tense with *je*

1 Écoute et lis.

Quand j'étais petit, j'avais les cheveux très blonds. Je portais un petit short avec un tee-shirt assorti. J'avais un lapin blanc en peluche et je l'adorais. À la télé, je regardais les émissions pour enfants comme *Scooby-Doo* ou les dessins animés. Je jouais avec mon petit train en bois et je faisais du vélo sur mon petit vélo rouge. J'étais très mignon!

Moi, à 6 ans!

Maintenant, j'ai les cheveux bruns et je porte des vêtements de skate. Mes parents n'aiment pas comment je m'habille. Mon objet le plus précieux, c'est mon maillot de foot signé par Zinédine Zidane, le joueur que j'adore. Aujourd'hui, je regarde beaucoup les émissions de musique et les films à la télé. Comme passe-temps, je joue au basket ou je fais du skate. Je suis toujours assez gentil, mais un peu têtu aussi de temps en temps ...

Me voilà aujourd'hui ...

2 Copie et complète la grille.

	Passé	Présent
Description physique	les cheveux blonds	
Vêtements		
Objet préféré		
Émissions préférées		
Passe-temps		
Caractère		

Expo-langue ▶ Grammaire 3.4

The imperfect tense is used to describe how things used to be. To form the imperfect, take the **nous** form of the present tense, remove **-ons** and add the ending **-ais** (for **je** and **tu**).

~~nous portons~~ → **je portais** = I used to wear
être has an irregular stem: **ét-**
j'**ét**ais = I used to be

3 Copie et complète la grille de l'exercice 2 pour Lucie.

parler 4 À deux. Prépare une présentation sur toi. Utilise la grille, si tu veux.

Quand j'étais petit(e), …	Maintenant, …	
j'avais	j'ai	les cheveux longs/courts/noirs/blonds/frisés …
je portais	je porte	une robe/un short …
j'adorais	j'adore	mon ours en peluche/mon petit train en bois/ ma raquette de tennis …
je regardais	je regarde	les dessins animés/les émissions pour enfants …
je jouais	je joue	à la poupée/avec mon ballon/aux petits soldats/ au football …
je faisais	je fais	du vélo/du skate …
j'étais	je suis	mignon(ne)/gentil(le)/têtu(e)/poli(e)/vilain(e) …

écrire 5 Utilise la grille de l'exercice 4 pour écrire quelques paragraphes sur toi dans le passé et aujourd'hui.

lire 6 Lis le texte et trouve les mots français pour chaque image.

Exemple: **a** des bottes en plastique hautes.

> J'avais les cheveux mi-longs et j'étais très mince. Je portais une mini-jupe, des bottes en plastique hautes et la nouvelle invention de l'époque, un collant. J'adorais la musique des Beatles et tous les week-ends, j'allais à des concerts de musique pop.

> Pour l'hiver, j'avais une longue écharpe en laine parce que j'adorais Doctor Who. Tous les week-ends, j'allais en boîte où je portais une veste en satin blanc avec un pantalon blanc. Bien sûr, je portais des chaussures à semelles compensées de plusieurs centimètres et j'avais un collier en or parce que j'admirais beaucoup le style de John Travolta.

lire 7 Relis le texte de l'exercice 6. Décide pour chaque paragraphe: 1965 ou 1975?

1 Écoute et lis l'interview avec ce joueur de rugby qui participe
à la Coupe du monde. Note les verbes qui sont à l'imparfait.

À la Coupe du monde de Rugby

- ■ De quelle nationalité êtes-vous?
- ● *Je suis anglais.*
- ■ Quels sports faisiez-vous au collège?
- ● *Dans mon collège, nous avions deux heures de sport par semaine. En hiver, les filles et les garçons jouaient au rugby ou au foot. On faisait aussi du cross et j'adorais ça parce que j'avais beaucoup d'endurance. En été, on faisait de l'athlétisme ou on jouait au tennis.*
- ■ Faisiez-vous partie d'un club de rugby quand vous étiez plus jeune?
- ● *J'allais dans un club de rugby deux soirs par semaine et nous avions un match presque tous les week-ends.*

- ■ Où jouez-vous maintenant?
- ● *En ce moment, j'habite en France parce que je joue dans une équipe de rugby française qui s'appelle Perpignan. Je joue pour Perpignan depuis deux ans, mais avant je jouais pour les Harlequins, une équipe anglaise.*
- ■ Pourquoi aimez-vous le rugby?
- ● *C'est un sport passionnant et très physique.*
- ■ Parlez-vous français en arrivant en France?
- ● *Quand je suis arrivé en France, je ne parlais pas beaucoup le français, mais maintenant je parle assez bien, n'est-ce pas?*

2 Trouve la bonne fin pour chaque phrase.

1 Ce joueur de rugby joue pour …
2 En Angleterre, il jouait pour …
3 En hiver au collège, ils jouaient …
4 En été au collège, ils faisaient …
5 Il allait dans un club de rugby …
6 Il aime le rugby car …
7 En arrivant en France, il ne parlait pas beaucoup …
8 Maintenant, il parle …

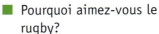 **Expo-langue ▶ Grammaire 3.4**

The imperfect tense endings are:
je jou**ais**   nous jou**ions**
tu jou**ais**   vous jou**iez**
il/elle/on jou**ait**   ils/elles jou**aient**

a deux fois par semaine.

b Perpignan.

c le français.

d de l'athlétisme.

e les Harlequins.

f au rugby et au foot.

g assez bien le français.

h c'est passionnant et très physique.

écouter **3** Écoute et répète chaque verbe.
Note les numéros des verbes qui
sont à l'imparfait. (1–10)

Exemple: 1, …

> The imperfect verb endings **-ais**,
> **-ait** and **-aient** sound a bit like a
> drawn out version of the vowel
> sound in g**e**t.

écrire **4** Écris une phrase sur chaque ancien sportif français.

Exemple: Michel Platini jouait au foot.

Michel Platini   être pilote de Formule 1

Florence Arthaud   faire du vélo

Alain Prost   jouer au tennis

Bernard Hinault   jouer au foot

Suzanne Lenglen   faire de la voile

écouter **5** Écoute l'interview avec un autre joueur de rugby.
Note ses réponses aux questions de l'exercice 1.

parler **6** À deux. Prépare une interview avec ce joueur de rugby écossais.

NAME:	Calum Black
NATIONALITY:	Scottish
SCHOOL SPORTS:	football, badminton, rugby, swimming
JUNIOR CLUB:	rugby club twice a week, matches on Sundays
CURRENT CLUB:	Montpellier, France (before that, Melrose, Scotland)
WHY LIKES RUGBY:	physical, exciting
KNOWLEDGE OF FRENCH:	did French at school, could speak a bit of French when he arrived

écrire **7** Imagine que tu es un sportif/une sportive célèbre. Écris quelques paragraphes sur:

- les sports que tu faisais au collège
- les sports que tu aimais/n'aimais pas, et pourquoi
- le sport que tu fais aujourd'hui
- pourquoi tu aimes ce sport

1 Six personnes sont au château. Qui parle? (1–6)

Exemple: **1** Jean Lejaune

Carte d'Identification

Nom: Lenoir
Prénom: Nana
Âge: 65
Métier: artiste
Caractéristiques:
habite au château,
mari décédé

Carte d'Identification

Nom: Lemauve
Prénom: Maurice
Âge: 59
Métier: avocat
Caractéristiques:
très riche,
très beau

Carte d'Identification

Nom: Levert
Prénom: Véronique
Âge: 21
Métier: actrice
Caractéristiques:
dynamique, très belle

Carte d'Identification

Nom: Lerouge
Prénom: Rachel
Âge: 42
Métier: vendeuse
Caractéristiques:
timide, divorcée

Carte d'Identification

Nom: Lejaune
Prénom: Jean
Âge: 66
Métier: domestique
Caractéristiques:
sérieux, loyal

Carte d'Identification

Nom: Lebrun
Prénom: Bruno
Âge: 30
Métier: jockey
Caractéristiques:
extravagant, aime
jouer à la roulette

2 À deux. À tour de rôle. Imagine que tu es une des personnes du château.
Présente-toi.

Exemple:

> Je m'appelle Nana Lenoir et j'ai
> 65 ans. Je suis artiste. J'habite seule au
> château, car mon mari est décédé.
> J'ai les cheveux noirs et les yeux bleus.

Lis le texte et réponds aux questions.

Il était huit heures moins le quart. Au château, tout était tranquille. Madame Nana Lenoir était dans sa chambre où elle admirait ses superbes diamants.

Bruno et Véronique buvaient un whisky dans le salon. Comme d'habitude, Bruno flirtait avec la belle actrice, mais, elle, elle regardait par la fenêtre en direction du jardin.

Maurice et Rachel étaient dans le jardin où ils parlaient ensemble. Maurice était calme et il fumait sa pipe, mais Rachel pleurait.

Pendant ce temps, Jean Lejaune préparait le dîner dans la cuisine. C'était son anniversaire, mais il n'y avait pas de cadeaux pour lui, le pauvre domestique qui déteste sa maîtresse cruelle, Nana Lenoir.

Un quart d'heure plus tard, à huit heures, Nana Lenoir prenait un bain dans sa petite salle de bains. Soudain, plus d'électricité! Elle est sortie du bain et est entrée dans sa chambre. Puis elle a poussé un cri d'horreur: «Mes diamants! Mes diamants! On a volé mes diamants! Appelez la police!»

1 À quelle heure est-ce que Nana admirait ses diamants?
2 Qu'est-ce que Bruno et Véronique faisaient à 19h45?
3 Où était Maurice?
4 Qui pleurait?
5 Où était Jean à 19h45?
6 Pourquoi est-ce qu'il n'était pas très content?
7 À quelle heure est-ce que l'électricité a été coupée?
8 Qu'est-ce que Nana a fait?
9 Qu'est-ce qu'elle a crié?

Expo-langue ▶ Grammaire 3.4

You also use the imperfect tense to describe what was happening at a given moment.
À huit heures moins le quart, elle **admirait** ses diamants.
= At 7.45 p.m. she *was admiring* her diamonds.

 Écoute l'inspecteur de police et note les six erreurs.

Exemple: **1** Nana était dans le jardin.

 À deux. Tu es l'inspecteur de police. Ton/Ta partenaire prend le rôle d'une personne du château. Prépare une conversation pour chaque personne.

■ Nana Lenoir, qu'est-ce que vous faisiez à huit heures moins le quart?
● J'étais dans ma chambre où j'admirais mes diamants.

 À deux. Écris l'interview de l'inspecteur de police avec les six personnes du château.

Inspecteur: Eh bien, messieurs dames, je voudrais vous poser des questions sur ce que vous faisiez à huit heures moins le quart. Tout d'abord, vous, Madame Lenoir, qu'est-ce que vous faisiez à huit heures moins le quart?

Nana: Moi, j'étais …

Mini-test

I can …
■ say what I used to be like/do/ have/wear
■ say what other people used to do
■ describe what people were doing

1 Écoute et lis les témoignages des cinq suspects.

J'étais dans ma chambre après avoir pris un bain. Je cherchais mon bracelet en diamants pour impressionner Maurice ce soir-là. Mais quand j'ai ouvert mon tiroir, plus de diamants! **C'est Rachel qui est coupable**: elle adore Maurice et elle est jalouse de moi!
Nana Lenoir

À huit heures, je fumais ma pipe sur le balcon de ma chambre. J'attendais le dîner. À huit heures, j'ai vu un homme près de la porte de Madame Lenoir. **L'homme que j'ai vu, c'est Jean Lejaune**. C'est Jean qui est coupable de ce crime. Il déteste Madame Lenoir car elle est très riche.
Maurice Lemauve

À huit heures, je regardais mon émission préférée dans ma chambre, quand j'ai vu un homme près de la porte de Madame Lenoir. **L'homme que j'ai vu, c'est Bruno**. Il est très pauvre et veut de l'argent pour payer ses dettes à la roulette. Bruno est coupable.
Véronique Levert

À huit heures, je lisais un roman dans le jardin, près des roses. Nana Lenoir n'est plus très riche. **La fortune qu'elle avait n'existe plus**. Elle doit bientôt vendre le château. À mon avis, elle veut l'assurance pour ses diamants.
Rachel Lerouge

À huit heures, j'étais devant la porte de Madame Lenoir parce que je lui apportais son gin tonic. Je frappais à la porte quand j'ai entendu ses cris. **Véronique Levert est une jeune actrice qui n'a pas beaucoup d'argent**. Elle a volé les diamants car elle veut être riche.
Jean Lejaune

Expo-langue ▶ Grammaire 1.9

qui means *who* or *which*, and is used to refer to the subject.
C'est Rachel **qui** est coupable.
= It's Rachel *who* is guilty.

que means *who(m)* or *which*, and is used to refer to the object. In English you can leave out *who*, but in French you can never leave out **que**.
L'homme **que** j'ai vu, c'est Jean.
= The man *who(m)* I saw is Jean.

2 Traduis les phrases en gras en anglais.

lire **3** **Qui …?**

1 … était sur le balcon de sa chambre à 20h?   6 … accuse Véronique?
2 … regardait la télé dans sa chambre à 20h?   7 … accuse Jean?
3 … apportait une boisson à Nana à 20h?   8 … accuse Nana?
4 … lisait dans le jardin à 20h?   9 … accuse Rachel?
5 … cherchait ses diamants juste après 20h?   10 … accuse Bruno?

écouter **4** **Écoute le sixième témoignage. Copie et complète la conversation.**

■ Bonjour, comment vous appelez-vous?
● Je suis (**1**) ————.
■ Qu'est-ce que vous faisiez hier soir
   à huit heures moins le quart?
● Je (**2**) ————.
■ Où étiez-vous à huit heures?
● J'étais (**3**) ————.
■ Qu'est-ce que vous faisiez?
● Je (**4**) ————.
■ À votre avis, qui est coupable?
● À mon avis, (**5**) ———— est coupable.
■ Pourquoi?
● (**6**) ————.

parler **5** **À deux. Tu es l'inspecteur de police et ton/ta partenaire est
un suspect. Utilise les questions de l'exercice 4 et improvise
une conversation.**

écrire **6** **Imagine que tu es l'inspecteur de police. Écris le témoignage de trois suspects.**

Exemple: À huit heures, Nana Lenoir était dans sa chambre. Elle cherchait
son bracelet, …

parler **7** **En groupes. Qui a volé les diamants? Discutez,
expliquez et justifiez vos opinions.**

Exemple:

> *Je pense que Nana
> a volé les diamants car
> elle veut l'assurance. Es-tu
> d'accord?*

Je pense que …	I think that …
À mon avis …	In my opinion …
Tu es d'accord?	Do you agree?
Je (ne) suis (pas) d'accord.	I (dis)agree.
Ce n'est pas vrai.	That's not right.

écouter **8** **Écoute l'inspecteur de police. Qui a volé les diamants?**

	Innocent or guilty?	Why?
Nana Lenoir		
Rachel Lerouge		

1 **Écoute et lis.**

Chantal Petitclerc et Benoît Huot sont tous les deux membres de l'équipe canadienne aux Jeux paralympiques.

Née au Québec en 1969, Chantal Petitclerc a déjà gagné seize médailles paralympiques. Jusqu'à l'âge de 14 ans, Chantal jouait avec ses copains et faisait du vélo comme eux, mais quand ses jambes ont été paralysées, tout a changé. Remarquablement courageuse, elle a d'abord essayé la natation, puis elle a trouvé son sport idéal: la course en fauteuil roulant. Devenue une des athlètes les plus connues du Canada, Chantal a gagné cinq médailles d'or à Athènes en 2004. Aujourd'hui, elle continue à pratiquer son sport, mais on la voit aussi régulièrement à la télévision ou dans d'autres médias.

Tandis que Chantal est déjà une «superstar» parmi les paralympiens, Benoît Huot est une étoile montante! À 15 ans, ce jeune nageur, qui participait pour la première fois aux Jeux paralympiques de Sydney en 2000, a remporté une médaille d'or en battant le record mondial. Malgré son pied bot, Benoît participe aux compétitions de natation depuis l'âge de 10 ans. Il est discipliné et très motivé dans son sport. Aux Jeux d'Athènes en 2004, Benoît a gagné encore cinq médailles! Son rêve pour l'avenir? Un jour, il battra ses records mondiaux pour le 50 m et 100 m style libre, et pour le 200 m dos crawlé.

Pour ces athlètes, le sport est très important, car il leur donne confiance en eux et leur offre l'occasion d'être les meilleurs du monde.

2 **Lis les définitions et trouve l'équivalent dans le texte.**

1 un groupe de personnes qui jouent ensemble
2 une grande compétition de sport pour les athlètes handicapés
3 un prix qui peut être d'or, d'argent ou de bronze
4 une compétition pour voir qui est le plus rapide
5 quelqu'un qui deviendra une «superstar»
6 un pied qui n'est pas bien formé
7 sera le plus rapide du monde

lire **3** À deux. Qui est-ce: Chantal ou Benoît?
Mets chaque groupe de phrases dans le bon ordre.

a won a gold medal and beat the world record aged 15

b appears regularly in the media

c started taking part in swimming competitions

d dreams of beating his/her own world records

e discovered wheelchair racing

f became paralysed from the waist down

g tried swimming

h was born with a club foot

i won five gold medals at the Athens Olympics

j was born in Quebec

k used to go cycling

l won five medals at the Athens paralympics

écouter **4** Écoute le bulletin à la radio sur les Jeux paralympiques.

1 Identifie les trois sports qui sont mentionnés dans ce bulletin.
2 Pour chaque sport, note trois détails.

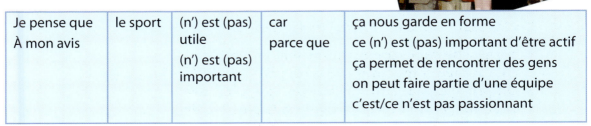

parler **5** À deux. Prépare une conversation sur le sport.

Mentionne:
- les sports que tu faisais quand tu étais plus jeune
- les sports que tu fais maintenant
- ton opinion sur le sport en général
- les sports que tu voudrais essayer et pourquoi

Je pense que À mon avis	le sport	(n') est (pas) utile (n') est (pas) important	car parce que	ça nous garde en forme ce (n') est (pas) important d'être actif ça permet de rencontrer des gens on peut faire partie d'une équipe c'est/ce n'est pas passionnant

écrire **6** Écris quelques paragraphes sur les aspects mentionnés dans l'exercice 5.

Unité 1

I can

- ■ talk about what I used to wear
- ■ talk about what I used to be like
- ■ talk about what I used to do
- G use the imperfect tense with *je*

Je portais …
J'étais/J'avais/J'aimais …
Je jouais/Je regardais …
j'étais/j'adorais …

Unité 2

I can

- ■ talk about sports I used to do

- ■ say what sports other people used to do
- G use all persons of the imperfect tense

Je jouais au foot./On faisait de l'athlétisme.
Il jouait au tennis.
elle avait/nous étions

Unité 3

I can

- ■ understand a narrative in the imperfect tense
- G use the imperfect tense to describe what was happening

Il était huit heures …

Il fumait une pipe./Elle regardait ses diamants.

Unité 4

I can

- ■ report what people were doing

- G understand the use of *qui* and *que*

Elle regardait la télé./Ils étaient dans le jardin.
C'est Rachel qui est coupable./ L'homme que j'ai vu, c'est Jean.

Unité 5

I can

- ■ understand a text containing complex sentences

- G understand and use different verb tenses

Jusqu'à l'âge de 14 ans, Chantal jouait avec ses copains et faisait du vélo comme eux, mais quand ses jambes ont été paralysées, tout a changé. Quand j'étais plus jeune, je faisais de la natation, mais maintenant je préfère le rugby.

1   Copie et complète la grille pour Ahmed.

	Passé	**Présent**
Description physique		
Caractère		
Vêtements		
Passe-temps		

2   À deux. Parle de quand tu étais petit(e).

A   mignon(ne)

B   têtu(e)

3   Lis le texte et complète les phrases sur Marianne.

> Quand elle était petite, Marianne aimait beaucoup la natation. Elle allait à la piscine le samedi avec sa mère. Maintenant, elle va au club de foot le samedi matin car elle adore ça. Elle faisait aussi de la danse le mercredi après-midi, mais maintenant, elle préfère aller en ville avec ses copains.
>
> À 5 ans, Marianne était très mignonne, mais maintenant elle est un peu têtue de temps en temps. Son objet le plus précieux est une photo signée par Thierry Henry. Quand elle était petite, elle avait un chien en peluche qu'elle adorait.

1 Marianne aime …
2 Quand elle était petite, elle aimait …
3 Le mercredi, elle va …
4 Quand elle était petite, elle faisait …
5 Marianne est …
6 Elle avait …

 4   Écris deux paragraphes sur Raoul.

	Passé	**Présent**
Passe-temps	vélo, *Scooby-Doo*	skate, films comiques
Caractère	gentil, mignon	raisonnable
Objet préféré	voiture télécommandée	ordinateur

Autrefois, aujourd'hui

 1 Lis l'article et les phrases. Vrai (✔) ou faux (✘)?

Je m'appelle Priscillia Pinaud. En ce moment, je suis en troisième au collège Jean-Jaurès. Tous-les matins, je prends le bus pour y aller car le collège se trouve en ville, à 10 kilomètres de chez moi.

J'ai dix matières différentes au collège, mais ma matière préférée est le dessin car j'aime bien dessiner. Si tout va bien, quand je quitterai le collège, j'étudierai les beaux-arts à l'université.

Par contre, je n'aime pas les maths parce que je trouve ça difficile et le prof de maths est très sévère. En plus, il nous donne trop de devoirs.

Pendant la récréation, je retrouve mes copains et on discute ensemble. À midi, je mange à la cantine car il y a un bon choix, et mes camarades de classe y mangent aussi.

Entre 6 ans et 10 ans, j'allais à l'école primaire dans mon village. J'y allais à pied car l'école est à deux pas de chez moi. En classe, j'aimais dessiner et peindre: rien n'a donc changé! Ma maîtresse favorite s'appelait Madame Aucher: elle était très gentille et très affectueuse avec les élèves. Pendant la récréation, on jouait à cache-cache dans la cour.

1 Priscillia va au collège dans son village.
2 Elle aimait le dessin quand elle était petite.
3 Elle aime les maths.
4 Elle veut faire une licence.
5 Madame Aucher était sa maîtresse préférée.
6 Elle joue à cache-cache pendant la récréation.
7 Elle préfère manger avec ses copains.
8 Elle allait à l'école en car.

parler **2** À deux. Prépare une conversation sur ta vie scolaire d'autrefois et d'aujourd'hui. Parle:

- de l'école primaire: tes préférences, ton maître/ta maîtresse préféré(e), ce que tu faisais pendant la récréation
- du collège: les cours que tu as, tes préférences, ce que tu fais pendant la récréation
- de ce que tu feras quand tu quitteras le collège

> ce que = what

écouter **3** Écoute et lis le poème.

Autrefois, aujourd'hui

Autrefois, il faisait jour.
Aujourd'hui, il fait nuit.

Autrefois, je souriais.
Aujourd'hui, je pleure.

Autrefois, mon cœur dansait.
Aujourd'hui, il dort.

Autrefois, je flottais.
Aujourd'hui, je traine.

Autrefois, il m'aimait.
Aujourd'hui, il ne m'aime plus.

lire **4** Choisis une phrase pour résumer le poème.

a C'est fini entre un garçon et sa petite amie.
b C'est fini entre une fille et son petit ami.
c Le petit ami d'une fille est mort.
d La petite amie d'un garçon est morte.

écrire **5** Utilise les deux mots «autrefois» et «aujourd'hui» pour écrire ton propre poème. Attention aux verbes!

Les vacances

 1 Lis le texte et trouve la bonne fin pour chaque phrase.

Les vacances de … Florence Dubois

Quand j'étais petite, je passais mes vacances au bord de la mer, chez mes grands-parents. Ils avaient une maison sur l'Île de Ré, une île située au large de La Rochelle. Maintenant, il y a un pont, mais autrefois, on prenait le bateau pour y aller.

Mes grands-parents sont décédés depuis quelques années, et maintenant, on passe les vacances à la montagne. L'été dernier, par exemple, on a visité la Suisse où on a fait du camping. C'était chouette parce qu'il faisait beau tous les jours.

Cette année, je veux retourner en Suisse, mais ma mère pense que ce sera trop cher. On ira donc faire du camping dans les Pyrénées et on fera des randonnées à la montagne.

1 Florence passait ses vacances …	**a** à la montagne.
2 L'année dernière, elle a passé ses vacances …	**b** dans les Pyrénées.
3 D'habitude, elle passe ses vacances …	**c** chez ses grands-parents.
4 Cette année, elle passera ses vacances …	**d** en Suisse.

2 Réponds aux questions.

1 Qu'est-ce que Florence a fait l'été dernier?
2 Quel temps faisait-il?
3 Où est l'Île de Ré?
4 Comment va-t-on sur l'Île de Ré aujourd'hui?
5 Pourquoi est-ce que Florence n'ira pas en Suisse cet été?
6 Qu'est-ce qu'elle fera dans les Pyrénées?

écouter 3 Écoute l'interview avec Madeleine et réponds aux questions à sa place.

1 Quand vous étiez petite,
  a où passiez-vous vos vacances?
  b qu'est-ce que vous faisiez?
  c c'était comment?

2 L'année dernière,
  a où avez-vous passé vos vacances?
  b qu'est-ce que vous avez fait?
  c quel temps faisait-il?

3 D'habitude,
  a où est-ce que vous passez vos vacances?
  b avec qui les passez-vous?

4 Cette année,
  a où passerez-vous vos vacances?
  b qu'est-ce que vous ferez?
  c ça sera comment?

écrire 4 À deux. Réécris les questions de l'exercice 3 pour quelqu'un que tu connais bien.

Exemple: **1a** Quand tu étais petit(e), où passais-tu tes vacances?

parler 5 À deux. Prépare une interview avec une personne célèbre/un personnage de dessin animé sur ses vacances imaginaires. Utilise les questions de l'exercice 3 et d'autres questions encore. Ajoute beaucoup de détails.

■ Bonjour, Homer. Quand vous étiez petit, où passiez-vous vos vacances?
● J'allais au bord de la mer avec ma famille. On mangeait beaucoup de beignets et on dormait sur la plage.
■ Vous ne faisiez pas de sport, par exemple?
● Vous plaisantez! J'ouvre ma bouche, je ferme ma bouche, je ronfle …
Ça suffit, non?
■ Et l'année dernière, …

écrire 6 Écris l'interview de l'exercice 5.

Module 4 Mots

Quand j'étais petit(e) …
When I was little …

j'adorais …	*I used to love …*
mon ours en peluche	*my teddy bear*
mon petit train en bois	*my little wooden train*
j'avais …	*I used to have …*
les cheveux courts/ mi-longs/longs/ blonds/bruns	*short/medium-length/long/blond/ brown hair*
j'étais …	*I used to be …*
gentil(le)	*kind*
mignon(ne)	*sweet, cute*
poli(e)	*polite*
têtu(e)	*stubborn*
vilain(e)	*naughty*
je faisais	*I used to do/make*
je jouais …	*I used to play …*
au ballon	*with a ball*
à la poupée	*with dolls*
aux petits soldats	*with toy soldiers*
je portais …	*I used to wear …*
un petit short	*a little pair of shorts*
un tee-shirt	*a T-shirt*
je regardais …	*I used to watch …*
les dessins animés	*cartoons*
les émissions pour enfants	*children's programmes*
mon objet le plus précieux, c'est/ c'était	*my most precious possession is/was*

Les vêtements
Clothes

des bottes (f)	*boots*
des chaussures (f) à semelles compensées	*platform-soled shoes*
un collant	*a pair of tights*
un collier	*a necklace*
une écharpe	*a scarf*
une mini-jupe	*a mini-skirt*
un pantalon	*a pair of trousers*
en laine	*woollen*
en or	*(made of) gold*
en plastique	*(made of) plastic*
en satin	*(made of) satin*

Le sport
Sport

aller dans un club (de rugby)	*to go to a (rugby) club*
faire de l'athlétisme	*to do athletics*
faire de la natation/ nager	*to swim*
faire du cross	*to do cross-country running*
faire partie d'un club	*to be in a club*
jouer depuis (cinq) ans	*to have been playing for (five) years*
jouer dans une équipe	*to play for a team*
jouer au foot	*to play football*
jouer au rugby	*to play rugby*
jouer au tennis	*to play tennis*
passionnant(e)	*exciting*
physique	*physical*

Quelques métiers
Some jobs

un acteur (une actrice)	*actor (actress)*
un(e) artiste	*artist*
un(e) avocat(e)	*lawyer*
un danseur/ une danseuse	*dancer*
un(e) domestique	*servant*
un inspecteur de police	*police inspector*
un jockey	*jockey*
un vendeur/ une vendeuse	*shop assistant*

Verbes utiles (1)
Some useful verbs (1)

accuser	*to accuse*
admirer	*to admire*
annoncer	*to announce*
appeler	*to call*
apporter	*to bring*
attendre	*to wait for*
boire	*to drink*
chercher	*to look for*
dire la vérité	*to tell the truth*
entendre	*to hear*
exister	*to exist*
finir	*to finish*

Verbes utiles (2)

Some useful verbs (2)

flirter	*to flirt*
frapper	*to knock*
fumer	*to smoke*
impressionner	*to impress*
lire	*to read*
parler	*to speak*
payer	*to pay for*
pleurer	*to cry/weep*
pousser un cri	*to shout*
prendre un bain	*to have a bath*
préparer	*to prepare*
regarder par la fenêtre	*to look out of the window*
sortir du bain	*to get out of the bath*
vendre	*to sell*
voir	*to see*
voler	*to steal*

Les crimes

Crimes

un alibi	*an alibi*
coupable de	*guilty of*
jaloux (jalouse)	*jealous*
pauvre	*poor*
riche	*rich*
un suspect	*a suspect*
un témoignage	*evidence/testimony*

Donner un avis

Giving an opinion

Je pense que …	*I think that …*
À mon avis …	*In my opinion …*
Tu es d'accord?	*Do you agree?*
Je (ne) suis (pas) d'accord.	*I (dis)agree.*
Ce n'est pas vrai.	*That's not right.*
C'est utile.	*It's useful.*
Ce n'est pas important.	*It's not important.*

Les Jeux paralympiques

The Paralympic Games

battre le record mondial	*to beat the world record*
connu(e)	*well-known*
la course en fauteuil roulant	*wheelchair racing*
devenir	*to become*
donner confiance en soi	*to give someone self-confidence*
essayer	*to try*
une étoile montante	*a rising star*
être le meilleur du monde	*to be the best in the world*
gagner une médaille	*to win a medal*
malgré	*in spite of*
un nageur (une nageuse)	*a swimmer*
né(e) à	*born in*
offrir l'occasion de	*to give the chance to*
remporter une médaille d'or	*to bring home a gold medal*
tous les deux	*both*
tout a changé	*everything changed*

Stratégie 4
Using different tenses

You've learned another new tense in Module 4 – the imperfect. You can now vary the meaning of all the verbs you know like this:

to say what you are doing now or usually do (present tense)
e.g. *je travaille*

to say what you did or have done (perfect tense)
e.g. *j'ai travaillé*

to say what you will do (future tense)
e.g. *je travaillerai*

to say what you used to do or were doing (imperfect tense)
e.g. *je travaillais*

How would you say 'I speak', 'I spoke', 'I will speak' and 'I was speaking'?

Do the same with more of the useful verbs on p.77. Watch out for the irregulars!

1 On va en Normandie
Learning about a region of France
Using adjectives

lire 1 **Lis le texte et mets les photos dans le bon ordre.**

Exemple: c, …

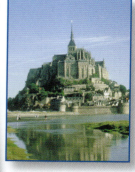

Venez en Normandie!

La Normandie est plus près de Londres que l'Écosse! Située à seulement six heures de ferry de la Grande-Bretagne, la Normandie vous offre: son paysage, son histoire, sa gastronomie, ses plages et ses activités sportives.

- ■ Visitez les belles cathédrales de nos plus grandes villes historiques, Rouen et Caen.
- ■ Admirez la célèbre Tapisserie de Bayeux et les beaux jardins de Monet à Giverny.
- ■ Découvrez l'histoire émouvante du Débarquement des Alliés, pendant la Seconde Guerre mondiale, sur les plages de la région.
- ■ Goûtez notre cuisine normande, notamment notre bon fromage et nos délicieux fruits de mer.
- ■ Amusez-vous sur nos jolies plages. Faites de la voile, de la planche à voile, du jet-ski ou de la plongée.
- ■ Et surtout ne manquez pas le pittoresque Mont-Saint-Michel, sur sa petite île!

La Normandie, c'est la région la plus fascinante de France!

lire 2 **Fais une liste des adjectifs dans le texte de l'exercice 1. Ils sont avant ou après le nom?**

Exemple: belle (avant)

Expo-langue ▶ Grammaire 2.4

To make comparisons (the comparative), you use **plus** or **moins** + an adjective.
To say something is 'the most … ' or 'the least … ' (the superlative), you use **le/la plus** or **le/la moins** + an adjective.

Remember that adjectives must agree with the noun they refer to.

Rouen est **moins grande** que Paris. = Rouen is *smaller* than Paris.
C'est la région **la plus fascinante** de France. = It's *the most fascinating* region of France.

lire **3** **Relis le texte de l'exercice 1 et réponds aux questions en anglais.**

1 What can you visit in Rouen and Caen?
2 What is there to see in Giverny?
3 Which important twentieth-century historical event is mentioned and why?
4 Which two specialities of Norman food are referred to?
5 Which sports might you go to Normandy to do?
6 Which picturesque sight shouldn't you miss and how is it described?

écouter **4** **Écoute et note. Qu'est-ce qu'ils ont visité ou fait en Normandie? (1–5)**

Exemple: **1** Plages du Débarquement

parler **5** **À deux. Imagine que tu as visité ta région en touriste français(e). Qu'est-ce que tu as fait? C'était comment? Parle à ton/ta partenaire.**

■ Qu'est-ce que tu as fait dans le (Norfolk)?
● Je suis allé(e) à (Norwich), où j'ai visité (la belle cathédrale) et j'ai vu …
   C'était (fascinant).

écrire **6** **Prépare une publicité touristique sur ta région (ou une région imaginaire) pour les touristes français.**

Exemple:

> Venez dans le (Yorkshire)!
> Situé à seulement (trois) heures de (Londres) par (le train), le (Yorkshire) vous propose son/sa/ses …
> Visitez notre/nos … Découvrez … Goûtez …

Expo-langue ▸ Grammaire 3.9

You use the **imperative** to tell somebody to do or not do something. With people you address as **vous**, use the present tense **vous** form without **vous**.

Venez en Normandie!
Ne **manquez** pas le Mont-Saint-Michel!

écouter **7** **Écoute et note les statistiques.**

Exemple: **Population de la France: 60 millions**

	Populations
La France	60 millions
La Normandie	
La Haute-Normandie	
La Basse-Normandie	
Rouen	

Attention! cinq million**s**, cinq cent**s** *mais* cinq mille

écouter 1 Écoute et lis les phrases. Qui dit ça? C'est Hakim ou Élisa?

Exemple: 1 Hakim

1 Si on prend le train, on arrivera plus vite.

2 Si on prend le ferry, ce sera moins cher.

3 Si on prend le train, on passera par le Tunnel sous la Manche?

4 Si on prend le train de neuf heures, on y arrivera à midi.

5 Quand on arrivera, on ira directement à l'hôtel. D'accord?

6 Quand on sera à l'hôtel, on mangera un sandwich et on ira à la Tour de Londres.

Expo-langue ▶ Grammaire 3.7

You use **quand** with the future tense before another sentence in the future tense.
Quand on **arrivera**, on **ira** directement à l'hôtel.
= When we *arrive*, we will go straight to the hotel.

But you use **si** with the present tense before a sentence in the future tense.
Si on **prend** le train, on **arrivera** plus vite.
= If we *take* the train, we will get there more quickly.

parler 2 À deux. Regarde les images et fais le dialogue.

Exemple: Si on prend la voiture, ce sera moins cher.

■ Si on , ce sera ⬇

● Oui, mais si on 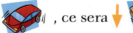 , on + vite

■ D'accord. Quand on arrivera , on ?

● Bien sûr, et quand on , on prendra et on achètera 👕

■ Et le soir, si on  , on . D'accord?

parler 3 À deux. Choisis une destination et improvise un autre dialogue.

● Don't write anything down – work without a script.
● Discuss how to travel and what to do when you get there.
● React to what your partner suggests.
● Disagree sometimes and make alternative suggestions.

4 **Lis l'e-mail et les phrases. Vrai (✔) ou faux (✗)?**

| Boîte de réception | Messages envoyés | Brouillons |

Salut Margaux!

Je suis bien arrivé à Paris hier soir, mais beaucoup plus tard que prévu! L'avion est parti deux heures en retard, à cause d'une grève de bagagistes, à l'aéroport de Heathrow. Malheureusement, il y avait la queue partout et tout le monde était furieux. Je ne me suis pas couché avant une heure du matin, donc j'étais très fatigué et je me suis levé tard aujourd'hui.

Mais cet après-midi, j'irai au musée d'Orsay, car tu sais combien je m'intéresse aux peintres impressionnistes. J'y vais surtout pour voir les tableaux de mon artiste préféré, Claude Monet! J'y passerai peut-être deux ou trois heures, puis je ferai quelque chose de typiquement touristique, je visiterai la Tour Eiffel.

Je viendrai donc à Rouen demain. S'il y a un train à dix heures, j'y serai à midi. Ça va? On se retrouvera à la gare ou quelque part dans centre-ville?

Bises, Amir

1 Amir est allé à Paris en avion.
2 Il y avait des problèmes à l'aéroport de Heathrow.
3 Amir veut aller au musée d'Orsay parce qu'il aime les artistes impressionnistes.
4 Il restera deux ou trois heures à la Tour Eiffel.
5 Il ira à Rouen en train.
6 Il arrivera à Rouen à dix heures.

Expo-langue ▶ Grammaire 1.11

The pronoun **y** replaces **à** + noun. It goes in front of the verb.

Je vais **à Paris** demain.
= I'm going *to Paris* tomorrow.
J'**y** vais demain.
= I'm going *there* tomorrow.

 5 **Écoute et répète.**

On va à Paris? Oui, on y sera à midi.
On ira à Paris? Oui, on y va à midi.

To pronounce the French letters **i/y**, say *ee* as in English *meet*, but smile as you say it!

6 **Imagine qu'on est en l'an 3000. Écris un e-mail pour décrire un voyage que tu as fait. C'était comment? Que feras-tu aujourd'hui et demain?**

Exemple:
Je suis bien arrivé(e) sur la Lune ce matin, mais il y a avait des problèmes à l'aéroport de Saturne. Malheureusement, notre vaisseau spatial est parti une heure en retard à cause d' ...

un extra-terrestre	*an alien*
la Lune	*the Moon*
(la planète) Saturne/ Jupiter/Mars/Vénus	*(the planet) Saturn/ Jupiter/Mars/Venus*
un vaisseau spatial	*a spaceship*
la valise	*suitcase*
les bagages	*luggage*
découvrir	*to discover*
attaquer	*to attack*
tomber en panne	*to break down*
entrer en collision avec	*to collide with/ crash into*

lire 1 Lis l'e-mail et fais une liste des choses que veut Lola J.

Hôtel: Chambre:
de luxe   ...
près du centre
...

Boîte de réception | Messages envoyés | Brouillons

Jean-Pierre,

Peux-tu me trouver un bon hôtel pour le soir de mon concert à Marseille, s'il te plaît? Je voudrais un hôtel de luxe, qui est près du centre-ville, mais bien tranquille aussi. Il y a deux ans, je suis restée à l'hôtel Splendide, mais ce n'était pas du tout splendide. C'était nul, donc je voudrais un meilleur hôtel que ça! Je voudrais faire de la natation tous les matins, mais pas dans la mer, parce qu'il fait trop froid. Donc je voudrais un hôtel avec piscine chauffée. Mais j'aimerais me faire bronzer aussi. Alors trouve un hôtel avec plage privée!

   Je voudrais une chambre avec un grand lit, bien sûr, et un balcon avec vue sur la mer. La chambre que tu as réservée à Paris était trop petite et il n'y avait pas assez de place dans l'armoire pour tous mes vêtements. J'aimerais aussi regarder l'émission sur mon concert à Londres. Donc n'oublie pas de réserver une chambre avec télé-satellite. Quand j'arriverai, j'aurai très faim et je voudrais manger dans ma chambre. J'aimerais avoir du caviar, des fruits de mer et du champagne.

   Je crois que c'est tout. Merci.

Lola J.

Expo-langue ▶ Grammaire 3.8

To talk about what you would do/like, etc., you use the conditional. This is formed using the future tense stem (e.g. **voudr-** or **aimer-**) + the imperfect endings (for **je** the ending is **-ais**).

Je **voudrais** un hôtel avec piscine.
= I *would like* a hotel with a swimming pool.
J'**aimerais** faire de la natation. = I'*d like* to swim.

lire 2 Relis l'e-mail de l'exercice 1. Copie et complète les phrases de Lola J.

1 Je voudrais un hôtel de luxe tranquille, qui est ▬▬▬▬.
2 L'hôtel Splendide, où je suis restée il y a deux ans, était ▬▬▬▬.
3 Je voudrais un hôtel ▬▬▬▬, parce que je voudrais faire de la natation.
4 Il faut trouver un hôtel avec plage privée, parce que ▬▬▬▬.
5 J'aimerais avoir une vue ▬▬▬▬ du balcon de ma chambre.
6 L'armoire dans ma chambre d'hôtel à Paris était ▬▬▬▬.
7 Il faut réserver une chambre avec télé-satellite, car je voudrais ▬▬▬▬.
8 Dans ma chambre, je voudrais manger ▬▬▬▬ et boire ▬▬▬▬.

écouter 3 Écoute les conversations à l'hôtel et corrige les erreurs dans les notes. (1–2)

1
M. Dujean
15 juin – 2 personnes
1 grand lit + douche
balcon

2
Mme. Grévin
8–14 juin – 2 personnes
2 lits + salle de bains
restaurant

4 À deux. Imagine que tu es très riche! Tu téléphones pour faire une réservation d'hôtel.

Exemple:

■ Allô, oui, l'hôtel (Paradis)?

● Je voudrais réserver … /J'aimerais …

■ C'est pour quelle(s) date(s)/combien de personnes?

● C'est pour … J'arriverai/On arrivera … L'année dernière, je suis resté(e)/on est resté(e)(s) … et c'était …

Je voudrais/ J'aimerais réserver	une/deux chambre(s)	à deux lits.
		avec … un grand lit/douche/salle de bains/balcon/ vue sur la mer.
C'est pour	la nuit du 5 juillet/trois nuits, du 5 au 7 juillet.	
C'est pour	une/deux personne(s).	
Est-ce qu'il y a	une piscine/une salle de gym/un sauna/un restaurant à l'hôtel, s'il vous plaît?	

 5 À deux. Lis les informations. Dis quel hôtel tu préfères et pourquoi.

Exemple:

■ Moi, je voudrais aller à l'hôtel … parce que j'aimerais avoir une chambre avec … /faire …

● Oui, mais moi, je préfère l'hôtel … parce que je voudrais/j'aimerais …

Hôtel de la Reine
★★★★
piscine
restaurant (spécialités normandes)
chambres avec balcon et télé-satellite

Hôtel Bon Ami
★★★★
salle de gym,
sauna, jacuzzi
près du centre-ville

Hôtel Beausoleil
★★★★
restaurant (cuisine tunisienne)
courts de tennis
près de la plage

 6 Écris un e-mail de réservation à un hôtel de luxe.
Utilise les phrases de l'exercice 4.

Exemple:

Boîte de réception | Messages envoyés

Madame, Monsieur,

When writing a formal e-mail, remember to use **vous** (*you*), **votre** (*your*) and **s'il vous plaît** (*please*).

Mini-test

I can …

■ give facts about Normandy

■ use adjectives and make comparisons

■ discuss travel arrangements

■ use different tenses in sentences

■ arrange hotel accommodation

■ use the conditional

1 Écoute. Copie et complète le texte.

Pendant les vacances, je suis (**1**) ———————— au parc de loisirs du Lac de Pont l'Évêque avec ma famille. Moi, je n'aime pas l'eau, mais mon petit frère, Julien, lui, il adore ça. Donc (**2**) ———————— et ma mère ont fait de la «banane tractée» sur le lac. C'est (**3**) ———————— le ski nautique, mais on est assis sur une grande (**4**) ———————— pneumatique! Ils ont dit que c'était (**5**) ————————, mais qu'il faisait très (**6**) ————————, puisqu'ils sont (**7**) ———————— plusieurs fois dans l'eau. Pendant qu'ils faisaient ça, mon père et moi, nous avons joué au paint ball. C'est un jeu qui (**8**) ———————— super-marrant. Après, nous étions tous les deux comme dans un tableau impressionniste, avec des tâches bleues et jaunes sur le (**9**) ————————, les mains et les (**10**) ————————. J'(**11**) ———————— bien retourner au parc l'année prochaine. La prochaine fois, je voudrais faire de (**12**) ———————— et essayer le baby-foot humain! **Sara**

lui	l'équitation	est	nez	froid
banane	passionnant	tombés	allée	
	jambes	comme	aimerais	

pendant que =while   assis = sitting
essayer = to try   un tableau = a painting

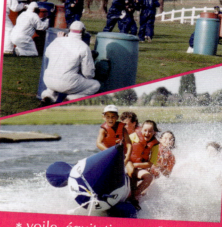

Parc de loisirs «Lac de Pont l'Évêque»

* voile, équitation, surfbike *
* paint ball, banane tractée *
* baby-foot humain *
* descente de rivière en canoë *
* terrain de volley-ball *
* pétanque, plage surveillée *

2 À deux. Imagine que tu as visité le parc de loisirs du Lac de Pont l'Évêque. Ton/Ta partenaire pose des questions.

- Où es-tu allé(e), quand et avec qui?
- Qu'est-ce que vous avez fait comme activités?
- C'était comment?
- Est-ce que tu voudrais y retourner?
- Quelles activités voudrais-tu faire?

3 Écris deux ou trois paragraphes sur un parc d'attractions que tu as visité.

Exemple: L'année dernière, je suis allé(e) à Alton Towers/au Parc Disneyland avec …

Passé composé	Imparfait	Présent	Conditionnel
Je suis allé(e) …	Pendant que je	J'adore …	Je voudrais …
J'ai fait du/de la/des …	faisais/jouais/	J'aime/Je n'aime pas …	J'aimerais …
J'ai vu/acheté …	mangeais …	Je préfère/déteste …	

lire 4 Lis et relie chaque personne avec un des textes.

1 Arromanches 360°, Arromanches les Bains

À Arromanches 360°, vous êtes au cœur de l'événement «Le Prix de la Liberté». Un film exceptionnel y est projeté sur neuf écrans dans une salle circulaire, mêlant images du Débarquement de 1944 et de la Normandie d'aujourd'hui. Cette projection à 360° vous fera vivre un moment inoubliable.

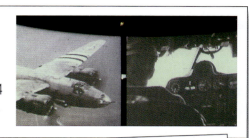

2 TAPISSERIE DE BAYEUX

La Tapisserie de Bayeux, document unique au monde, est en fait une broderie de laine sur toile de lin réalisé au XIe siècle. Sur 70 m de long et 50 cm de haut, elle conte simplement, mais avec un luxe de détails, les circonstances et le déroulement de l'expédition en Angleterre d'une armée commandée par Guillaume, duc de Normandie.

3 Maison et jardins de Claude Monet, Giverny

Face à la maison et l'atelier, le Clos Normand propose une éblouissante palette de fleurs et de couleurs. Le jardin d'eau, avec le pont japonais et les nymphéas, recrée la magie qui inspira tant Monet.

> J'ai surtout aimé les belles fleurs dans les jardins.
> **Alexandre**

> Le film sur le Débarquement était fascinant et émouvant.
> **Nabila**

> C'était fantastique de regarder les détails de la Tapisserie.
> **Yanis**

lire 5 Relis les textes de l'exercice 4. Trouve les équivalents français.

- What help do the photos give you?
- Look for cognates and near-cognates.
- Use logic and your knowledge of French grammar.

1 projected onto nine screens
2 a circular room
3 an unforgettable moment
4 woollen embroidery on a linen cloth
5 created in the 11th century
6 an army commanded by William, Duke of Normandy
7 opposite the house and the studio
8 the Japanese bridge and water lilies

écrire 6 Écris un résumé en anglais des textes de l'exercice 4.

1 Écoute et lis. Vrai (✔) ou faux (✘)?

Il y a deux ans, j'étais en vacances en Normandie avec mes parents. Eux, ils aiment l'histoire, donc on visitait pas mal de cathédrales et de châteaux, la Tapisserie de Bayeux, etc. Mais moi, je trouvais ça un peu ennuyeux. J'aime beaucoup la course automobile et puisque c'était le mois de juin, j'ai décidé d'aller aux 24 heures du Mans. J'ai essayé d'acheter un billet par téléphone, mais sans succès. Cependant, j'ai réussi à trouver un billet pas trop cher sur Internet. Le Mans n'est pas loin de la Normandie et j'ai décidé d'y aller en train. Le voyage était assez rapide et malgré le mauvais temps (il a commencé à pleuvoir pendant l'après-midi), la course était fantastique. C'était une expérience inoubliable pour moi. J'y retournerai l'année prochaine, mais cette fois j'irai avec ma petite amie parce qu'elle est aussi fan de la course automobile!

Fabien

1 Fabien était en vacances avec sa famille en juin.
2 Il n'aime pas beaucoup l'histoire.
3 La famille de Fabien a décidé d'aller aux 24 heures du Mans.
4 Fabien a acheté son billet par téléphone.
5 Le Mans est assez près de la Normandie.
6 Il a fait mauvais temps pendant l'après-midi.
7 Fabien retournera aux 24 heures du Mans avec ses copains.
8 La petite amie de Fabien adore la course automobile.

Expo-langue ▶ Grammaire 3.13

Some verbs take **à** or **de** when followed by an infinitive.

commencer **à** = to start to
réussir **à** = to manage to

décider **de** = to decide to
essayer **de** = to try to

J'ai décidé **d'**aller aux 24 heures du Mans.
= I decided to go to the Le Mans 24-hour race.
J'ai réussi **à** acheter un billet.
= I managed to buy a ticket.

---

2 Imagine que tu es allé(e) voir un match de foot en France. Regarde les images et adapte le texte de l'exercice 1.

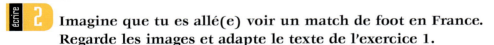

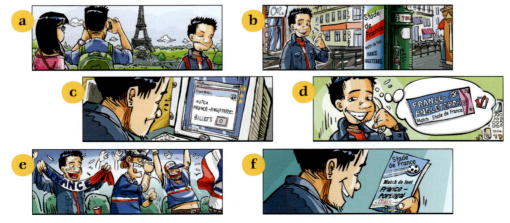

Exemple: En février, j'étais en vacances à Paris avec mes parents …

3 Parle des vacances à Paris et du match de foot.

 4 Lis le texte et complète les phrases.

Le Mans est dans la région de la Loire, à environ 50 kilomètres au sud de la Normandie. Les 24 heures du Mans sont un des événements les plus populaires du calendrier sportif et une des plus importantes courses automobiles du monde. D'habitude, elle a lieu en juin, mais la première course de 24 heures au Mans était au mois de mai, en 1923. L'équipe qui a gagné le plus souvent, c'est l'équipe Porsche, avec quinze victoires. En deuxième position, c'est l'équipe Ferrari, qui a gagné neuf fois. Quant aux pilotes, c'est un Belge qui est champion: Jacky Ickx a gagné six fois les 24 heures. Les Français Henri Pescarolo et Yannick Dalmas ont eu quatre victoires chacun.

1 Le Mans ne se trouve pas loin de …
2 Les 24 heures du Mans ont commencé en …
3 Tous les ans, les 24 heures sont au mois de …
4 L'équipe Porsche a gagné …
5 L'équipe Ferrari a gagné …
6 Le pilote qui a gagné le plus souvent, c'est …
7 Les pilotes français ont gagné …

 5 Écoute le reportage sur une course automobile imaginaire avec des stars et note les détails en anglais.

Exemple: Porsche team driver
Jacques Black overtook …. ,
but then … crashed into …

a doublé = overtook
est entré(e) en collision avec = crashed into

 6 Écris un reportage sur une course automobile imaginaire.

Exemple:

Aujourd'hui, lors de la première course automobile …
… encore une victoire pour (Lisa Simpson/Dracula), pilote de l'équipe (Ferrari/Mercedes, etc.).
À la dernière minute, il/elle a doublé la voiture de …
Malheureusement, la voiture de … est entrée en collision avec la voiture de …
… et c'est … qui a gagné la course, avec … , pour l'équipe … , en deuxième/troisième place.

Unité 1

I can

- understand tourist information about a region

  Visitez la belle cathédrale de Caen. Goûtez notre cuisine normande.

- understand facts about Normandy

  La population de la Normandie est de trois millions d'habitants.

- G use adjectives with correct agreement

  la belle cathédrale, le bon fromage, l'histoire émouvante

- G use comparatives and superlatives

  La plus grande ville de Normandie est Rouen. C'est la région la plus fascinante de France.

Unité 2

I can

- discuss travel arrangements

  Si on prend le train, on y arrivera plus vite.

- G use different tenses in sentences

  Si on prend le train, ce sera moins cher.

- ➤ pronounce the letters *i* and *y*

  On va à Paris? On y va à midi.

- G use the pronoun *y*

  J'y arriverai vers midi.

Unité 3

I can

- arrange hotel accommodation by telephone

  Je voudrais une chambre avec douche et vue sur la mer.

- book a room by e-mail

  Madame, Monsieur, je voudrais réserver une chambre …

- G use the conditional

  J'aimerais faire de la natation. Je voudrais manger.

Unité 4

I can

- describe a visit to an attraction

  Pendant les vacances, je suis allé(e) au parc d'attractions Alton Towers *avec ma famille. C'était chouette.*

- G understand an authentic text

  Le jardin d'eau, avec le pont japonais et les nymphéas, recrée la magie qui inspira tant Monet.

- G use three different tenses in speech or writing

  Puisque je n'aime pas l'eau, j'ai fait de l'équitation. La prochaine fois, je voudrais essayer le baby-foot humain.

Unité 5

I can

- describe a visit to a sporting event

  C'était une expérience inoubliable pour moi.

- G use verbs which take *à* or *de* before an infinitive

  J'ai essayé d'acheter un billet par téléphone. / J'ai réussi à trouver un billet sur Internet.

écouter **1** **Écoute et choisis la bonne réponse.**

1 Gabriel partira en vacances en
   a Italie **b** Espagne **c** Guadeloupe

2 Il prendra
   a le train de neuf heures
   b l'avion de neuf heures
   c le train de dix heures et demie

3 Gabriel et sa famille ont réservé des chambres
   a avec douche **b** avec vue sur la mer
   c avec balcon

4 Quand il arrivera, Gabriel
   a fera de la natation à la piscine
   b ira à la plage
   c mangera dans un restaurant

5 Farida et sa famille iront
   a en Angleterre **b** en Grèce
   c en Italie

6 S'il fait froid, Farida
   a fera les magasins **b** restera à l'hôtel
   c ira en Espagne

parler **2** **À deux. Tu veux réserver une chambre d'hôtel.**

- Bonjour, je voudrais réserver …
- C'est pour quelles dates?

- C'est pour quelles dates?
- C'est pour combien de personnes?
- Vous voulez quelle sorte de chambre?
- Oui, nous en avons un(e).

1 15–30 juin

2 7–14 août

lire **3** **Lis le texte et réponds aux questions en anglais.**

1 How far from a town is the holiday village?
2 Apart from the restaurant and sports centre, what other two facilities does the campsite have?
3 How is the sports centre described?
4 What can you eat in the restaurant and how is the food described?
5 Which two water sports can you learn to do?
6 What is fifteen minutes on foot from Les Sapins?

Situé au cœur du beau paysage normand, mais à seulement trente minutes en voiture du centre-ville, le village des vacances Les Sapins vous propose: son hospitalité, sa tranquillité et ses activités sportives.

Au camping, vous trouverez un bowling, une piscine chauffée, un des plus grands centres de sport de la région et notre restaurant pittoresque «La Forêt», où vous mangerez les fruits de mer les plus délicieux de Normandie.

Vous n'avez jamais fait de ski nautique? Vous n'avez pas encore essayé la planche à voile? Apprenez à faire tous les sports nautiques sur le Lac des Sapins qui se trouve à quinze minutes à pied des Sapins.

écrire **4** **Imagine que tu es allé(e) au village des vacances Les Sapins. Réponds aux questions et écris deux ou trois paragraphes.**

- Où es-tu allé(e), quand et avec qui?
- Qu'est-ce que vous avez fait?
- C'était comment?
- Si tu y retournes, qu'est-ce que tu voudrais faire?

Je dois me plaindre

lire 1 Lis la lettre et trouve les six bonnes images.

a

b

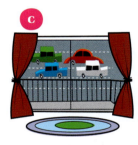
c

d

Madame la Directrice/
Monsieur le Directeur
Hôtel des Astres
Rue de Malheur
56001 Nulleville

Rouen, le 19 juillet 2005

Madame, Monsieur

J'ai passé cinq nuits dans votre hôtel, du 10 au 15 juillet et malheureusement, je dois me plaindre.

Tout d'abord, dans votre publicité, vous disiez que c'était un hôtel tranquille. Mais ce n'est pas vrai. L'hôtel se trouve sur la rue principale, près d'une discothèque, et il y avait beaucoup de bruit toute la nuit. Il faisait trop chaud dans la chambre aussi. Il était impossible de dormir et j'étais tout le temps très fatigué. De plus, quand j'ai fait ma réservation, j'ai demandé une chambre avec vue sur la mer, mais je n'avais qu'une vue sur le parking! Et puis, il n'y avait pas de serviettes dans la chambre, la douche ne marchait pas et la piscine était fermée!

Vous voyez pourquoi je ne suis pas du tout content de mon séjour dans votre hôtel. C'est pourquoi je vous demande de bien vouloir me rembourser une partie du prix de la chambre.

Veuillez agréer, Madame, Monsieur, l'expression de mes salutations distinguées.

Nicolas Lemieux

e

f

g

h

i

j

k

l

écrire **2** À toi. Écris une lettre en adaptant la lettre et en utilisant les autres images de l'exercice 1 ou ton imagination!

écouter **3** Écoute la publicité pour cet hôtel et regarde la brochure. Note les différences en anglais.

Exemple: Between <u>beach</u> and <u>cathedra</u>l …

Si vous cherchez la tranquillité, l'hôtel Ville Verte est idéalement situé entre la mer et le centre-ville pour un séjour parfait. À quinze minutes à pied de la vieille ville et à cinq minutes de la plage, l'hôtel vous propose: 20 chambres avec balcon et 12 chambres avec vue sur la mer. Toutes nos chambres ont TV-satellite et une douche-WC. Notre restaurant cinq étoiles est ouvert tous les jours (spécialités marocaines et tunisiennes). Piscine chauffée, ascenseur, parking privé, chiens autorisés.

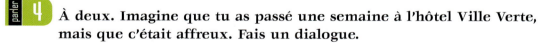

chercher = to look for
entre = between

parler **4** À deux. Imagine que tu as passé une semaine à l'hôtel Ville Verte, mais que c'était affreux. Fais un dialogue.

Exemple:
■ Salut, (Gemma). C'était comment, ton séjour à l'hôtel Ville Verte?
● C'était affreux!
■ Ah bon? Pourquoi?
● L'hôtel (n') était (pas) … Il (n') y avait (pas) de … Le/La … ne marchait pas …

écrire **5** Fais une description réaliste de l'hôtel des Astres dans une brochure! (Voir exercice 1.)

Exemple: Si vous cherchez un hôtel affreux et pas du tout tranquille, l'hôtel des Astres est idéalement situé, près d'une …

Le tourisme Harry Potter

 1 Lis le texte, puis relie les mots français et les mots anglais. Vérifie les mots dans un dictionnaire, si nécessaire.

Exemple: **1** j

Escapade Harry Potter à Londres

Après le succès en France des livres et des films de Harry Potter, beaucoup de Français s'intéressent à la Grande-Bretagne, surtout pour voir les lieux où les films de Harry Potter ont été tournés.

Harry Potter a découvert le «fourchelangue», le langage des serpents, en visitant la maison des reptiles du célèbre zoo de Londres, au bord de Regent's Park. Non loin du zoo, la gare de King's Cross est bien réelle même si le quai 9¾ n'existe pas. Alors n'essayez pas de passer à travers les murs!

Sur le chemin de Covent Garden et de Piccadilly, arrêtez-vous à Neal's Yard, pour regarder dans les magasins de magie et d'astrologie. Vous y trouverez dans une ancienne quincaillerie (F.W. Colins and Sons, 14 Earlham Street) d'excellents balais en bois qui ne demandent qu'à prendre l'air … !

Enfin, à deux pas du quai Victoria, ne manquez pas de voir Australia House, l'ambassade d'Australie, qui était dans le film la fameuse Gringotts, banque des sorciers, dirigée par des gobelins.

Si vous avez le temps, allez à Bracknell, à l'ouest de la capitale britannique. Au 12 Picket Post Close, vous découvrirez la véritable maison de l'oncle Vernon et de la tante Pétunia, où habite le petit sorcier Harry quand il n'est pas au collège de Poudlard.

tourner = to film

1 *snake language*	**a** magie
2 *platform 9¾*	**b** sorcier
3 *to walk through the walls*	**c** prendre l'air
4 *magic*	**d** le quai 9¾
5 *an old hardware shop*	**e** une ancienne quincaillerie
6 *wooden broomsticks*	**f** passer à travers les murs
7 *to take to the air*	**g** collège de Poudlard
8 *wizard*	**h** balais en bois
9 *run by goblins*	**i** dirigée par des gobelins
10 *Hogwarts School*	**j** le langage des serpents

2 Réponds aux questions.

Exemple: **1** dans la maison des reptiles, au zoo de Londres

Où …

1 … est-ce que Harry Potter a découvert le langage des serpents?

2 … se trouve le quai 9¾?

3 … peut-on trouver des magasins de magie et d'astrologie?

4 … peut-on acheter des balais en bois?

5 … est la banque des sorciers, la Gringotts?

6 … faut-il aller pour voir la maison de l'oncle Vernon et de la tante Pétunia?

écouter **3** Écoute, lis et complète le texte.

Exemple: **1** voiture

Harry Potter à Oxford, à Gloucester et à Alnwick

Londres n'est pas la seule partie de la Grande-Bretagne où on a tourné les films de Harry Potter. À une heure de **(1)** _____ de Londres se trouve Oxford, la plus ancienne ville universitaire de Grande-Bretagne. On y a tourné la majorité des scènes du collège de Poudlard. Le **(2)** _____ de Christ Church, avec son réfectoire immense et ses **(3)** _____ escaliers, était parfait pour représenter l'endroit où vont Harry Potter et ses **(4)** _____ pour étudier la sorcellerie. Et c'est dans l'historique Bodleian Library qu'on a tourné les scènes de la **(5)** _____ de Poudlard. Mais la **(6)** _____ de Gloucester, qui n'est pas très loin d'Oxford, a aussi joué un rôle: on a tourné plusieurs scènes importantes dans la belle **(7)** _____ de Gloucester. Finalement, il faut aller au nord-est de **(8)** _____ pour trouver l'emplacement de la fameuse partie de «quidditch». C'est dans le parc de l'impressionnant **(9)** _____ d'Alnwick que l'on a tourné les scènes de ce fantastique **(10)** _____ à balais.

copains   match

collège   voiture   l'Angleterre   ville   château

cathédrale   bibliothèque   grands

écrire **4** Écris un résumé en anglais du texte de l'exercice 3 pour un copain/ une copine anglais(e) qui ne parle pas français.

Exemple: Most of the Hogwarts School scenes were filmed in Oxford ...

parler **5** À deux. Imagine que tu es fan des films de Harry Potter et que tu veux visiter l'Angleterre avec ton/ta partenaire. Fais un dialogue.

■ J'aimerais voir (la maison de l'oncle Vernon et de la tante Pétunia).
● Pour ça, il faut aller ...
■ C'est où, ...?
● C'est ... Et après, on ira ...
■ Pourquoi?
● Parce que moi, je voudrais ...

Les adjectifs
Adjectives

beau/belle — *beautiful*
bon (bonne) — *good*
célèbre — *famous*
délicieux (délicieuse) — *delicious*
fascinant(e) — *fascinating*
historique — *historical*
joli(e) — *pretty*
pittoresque — *picturesque*

La publicité touristique
Tourist adverts

Amusez-vous! — *Enjoy yourself!*
Découvrez … ! — *Discover … !*
Venez … ! — *Come … !*
Visitez … ! — *Visit … !*
Goûtez … ! — *Taste … !*
Ne manquez pas … ! — *Don't miss … !*
situé(e) … — *situated …*
le paysage — *countryside*
la gastronomie — *gourmet food*
la cuisine normande — *Norman food*
les fruits de mer — *seafood*
l'île (f) — *island*
la Tapisserie de Bayeux — *the Bayeux Tapestry*
la Seconde Guerre mondiale — *the Second World War*

La population
Population

un habitant — *inhabitant*
mille — *a thousand*
un million — *a million*
environ/à peu près — *approximately*

Les voyages
Travel

vite — *quick, quickly*
cher (chère) — *expensive*
le Tunnel sous la Manche — *the Channel Tunnel*
le ferry — *ferry*
l'avion (m) — *aeroplane*
l'aéroport (m) — *airport*
les bagages (mpl) — *luggage*
la grève — *strike*
la queue — *queue*
tard/en retard — *late*
Si on prend le train … — *If we go by train …*
Quand on arrivera … — *When we get there …*

Les hôtels
Hotels

Je voudrais … / J'aimerais … — *I would like …*
réserver — *to reserve/book*
une chambre (pour) — *a (bed)room (for)*
une/trois nuit(s) — *one/three night(s)*
une/deux personne(s) — *one/two people*
du (5) au (7 juillet) — *from the (5th) to the (7th of July)*
à deux lits — *with two (single) beds*
avec … — *with …*
un grand lit — *a double bed*
douche/vue sur la mer — *shower/sea view*
balcon/télé-satellite — *balcony/satellite TV*
Est-ce qu'il y a … à l'hôtel? — *Is there … in the hotel?*
un sauna — *a sauna*
une salle de gym — *a gym*
une piscine chauffée — *a heated swimming pool*
de luxe — *luxury*
tranquille — *quiet*
Madame, Monsieur — *Dear Sir or Madam*

Au parc d'attractions

le baby-foot (humain)	*(human) table football*
le canoë	*canoeing*
la pétanque	*boules (French bowls)*
la voile	*sailing*
l'équitation (f)	*horse-riding*
la banane tractée	*banana riding*
la prochaine fois	*next time*
essayer	*to try*

Les 24 heures du Mans

la course automobile	*motor-racing*
les 24 heures	*the 24-hour race*
l'expérience (f)	*experience*
inoubliable	*unforgettable*
commencer à	*to start to*
réussir à	*to manage to*
décider de	*to decide to*
essayer de	*to try to*
avoir lieu	*to take place*
le billet	*ticket*
la victoire	*victory, win*
l'équipe (f)	*team*
gagner	*to win*
une fois/deux fois	*once/twice*
doubler	*to overtake*
entrer en collision avec	*to crash into*
la première/deuxième/ troisième place	*1st/2nd/3rd place*

Stratégie 5
Reading complicated texts (1)

Don't give up! Just because you can't understand every word doesn't mean you can't work out what a French story or article is about. How many of these strategies do you use already?

- I read all the text to get an idea of what it's all about.
- I don't panic or give up when there's a word I don't know; I carry on to the end.
- I use my powers of logic to make sensible guesses.
- I spot cognates and words that look familiar.
- I say unfamiliar words out loud to check if they sound like another word I know.

Try them all out and see which work best for you.

1 Apprendre, c'est vivre
**Schools in different countries
Using possessive adjectives**

 **Écoute et lis.**

Le collège en France

La journée scolaire commence vers 8h et finit à 16h ou à 17h. Dans beaucoup de régions, les élèves vont au collège le samedi matin. Les professeurs sont spécialisés dans une ou deux matières différentes, mais il n'y a pas d'éducation religieuse. Les enfants doivent acheter leurs propres cahiers et stylos. Les élèves choisissent leurs propres vêtements pour le collège. Si un professeur est absent, le cours est souvent annulé.

Le collège en Grande-Bretagne

En général, le collège commence vers 9h et finit vers 16h. On ne va pas au collège le samedi. On enseigne différentes matières y compris l'éducation religieuse. Le collège fournit les cahiers et les livres aux élèves. Dans beaucoup de collèges, les élèves portent l'uniforme scolaire. Si un professeur est absent, un autre prof fait le cours.

vers = at about
enseigne = teach
fournit = provide

2 Où vont-ils au collège? En France (F) ou en Grande-Bretagne (GB)?

1 Nous devons acheter nos affaires pour le collège: nos cahiers, nos livres et notre papier.

2 Notre journée scolaire commence à neuf heures environ et finit à quatre heures.

3 Notre uniforme scolaire est un pantalon ou une jupe, un polo blanc et un sweat bleu marine.

4 Nous avons des cours d'éducation religieuse.

5 Quand notre professeur est malade, par exemple, le cours est annulé et nous rentrons à la maison ou nous faisons nos devoirs à l'école.

6 Nous portons les vêtements de notre choix.

Expo-langue ▶ **Grammaire 2.3**

Possessive adjectives show who something belongs to. You are already familiar with
mon/ma/mes, **ton/ta/tes** and **son/sa/ses**. The other forms are:

	singular		plural	
our	**notre** professeur	*our* teacher	**nos** vêtements	*our* clothes
your (vous)	**votre** uniforme	*your* uniform	**vos** cahiers	*your* exercise books
their	**leur** collège	*their* school	**leurs** stylos	*their* pens

parler 3 À deux. Prépare six phrases sur votre collège.

- Notre collège commence ... et finit ...
- Nous n'allons pas au collège ...
- Nous apprenons ...
- Le collège fournit ... aux élèves.
- Nous portons ...
- Si notre professeur est absent, ...

écrire 4 Utilise les réponses de l'exercice 3 pour écrire un paragraphe sur ton collège.

écouter 5 Écoute la discussion sur le collège en France
et mets les opinions dans le bon ordre.

a Les journées scolaires sont trop longues.

b Il y a trop de devoirs.

c Le collège devrait fournir l'équipement scolaire.

d On est plus libre sans uniforme.

e L'éducation religieuse n'est pas très passionnante.

lire 6 Quelle est ton opinion sur le collège? Lis chaque opinion de
l'exercice 5 et décide si tu es d'accord (✔) ou pas d'accord (✗).

parler 7 À deux. Discute les avantages et les inconvénients du système scolaire en
France et en Grande-Bretagne. Utilise les textes de l'exercice 1, les opinions de
l'exercice 5 et tes propres idées.

À mon avis, Je pense que/qu' L'avantage principal est que/qu' D'un autre côté,	en France en Grande-Bretagne	les journées scolaires sont trop longues. il y a trop de devoirs. le collège fournit les cahiers et les livres aux élèves. on enseigne l'éducation religieuse.
Tu es d'accord? Je (ne) suis (pas) d'accord. Tu as raison!		

2 Au travail, les jeunes! Young people and work
Using indirect object pronouns

 1 **Lis les textes et réponds aux questions.**

Je travaille tous les matins pendant la semaine. Je me lève très tôt car je livre des journaux dans les rues près de chez moi. On me donne quatre livres sterling par jour, et avec l'argent, je paie mes vêtements.

Greg, 14 ans, Écosse

Mes parents me donnent de l'argent de poche si j'aide un peu à la maison. Je mets la table, je vide le lave-vaisselle et je passe l'aspirateur dans les chambres. Mon petit frère sort la poubelle le lundi matin.

Perdita, 15 ans, France

Le week-end, j'aide mes parents dans leur restaurant. Ils ne me donnent pas d'argent, mais ils paient mes vêtements et toutes mes affaires scolaires.

Ben, 14 ans, Angleterre.

Moi, je ne travaille pas en dehors de la maison. J'ai beaucoup de travail scolaire à faire et mes parents me disent que je suis encore trop jeune.

Sahlia, 15 ans, Belgique

> passer l'aspirateur = to do the vacuuming
> sortir la poubelle = to put out the bin
> en dehors de = outside

Qui …
1 … travaille dans un restaurant?
2 … se concentre sur son travail scolaire?
3 … livre des journaux?
4 … aide à la maison?
5 … aide ses parents?
6 … reçoit de l'argent pour son travail?

2 **Écoute l'interview avec Leïla et note les réponses à ces questions.**

1 Quel âge as-tu et où habites-tu?
2 Est-ce que tu travailles?
3 Qu'est-ce que tu fais?
4 Est-ce qu'on te donne de l'argent de poche?
5 Est-ce que tu aimes travailler?

Expo-langue ▶ Grammaire 1.8

Indirect object pronouns
If you can put 'to' in front of a pronoun it is an indirect pronoun. He gave *me* the book. He gave the book *to me*.

(to) me	**me**
(to) you	**te**
(to) him/her	**lui**

This pronoun always goes in front of the verb.
Ils **me** donnent de l'argent de poche.
= They give *me* pocket money.

parler **3** À deux. Utilise les questions de l'exercice 2 et ces images
pour préparer une conversation sur chaque personne.

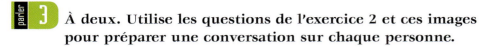

 Amélie, 14 ans

le week-end

 Chris, 15 ans

lundi et vendredi   par semaine

écrire **4** Écris un paragraphe sur Amélie et Chris de l'exercice 3.

lire **5** Lis l'article et trouve la bonne fin pour chaque phrase.

Étude de cas: un enfant travailleur au Sénégal

Aujourd'hui, Derartu est contente. Elle a 15 ans, elle va au collège et elle se prépare pour aller à l'université et réaliser son rêve: être infirmière.

Mais il y a quelques années, sa vie était différente. À l'âge de neuf ans, Derartu a quitté son village et sa famille. Ses parents ne pouvaient plus nourrir la famille. Ils ont donc envoyé leur fille à Dakar, capitale du Sénégal, pour trouver du travail. À Dakar, Derartu a travaillé comme domestique chez une famille riche, où elle aidait dans la cuisine et elle nettoyait la maison. Elle allait aussi au marché et elle portait les légumes dans un grand panier. Comme beaucoup de jeunes Sénégalais qui deviennent domestiques, elle travaillait douze heures par jour, sept jours sur sept. D'un côté, Derartu avait de la chance: les enfants qui ne trouvent pas de travail dans la capitale finissent souvent par habiter dans les rues.

Heureusement, un représentant d'une organisation bénévole a rencontré Derartu et, avec son aide, Derartu a quitté son emploi. Elle habite maintenant dans un foyer d'enfants, où tous les enfants vont à l'école. L'organisation paie son logement et sa scolarité.

1 Derartu habite …
2 À neuf ans, elle …
3 Elle travaillait à Dakar …
4 D'autres enfants à Dakar habitent …
5 Une organisation bénévole paie …
6 Un jour, Derartu …

a dans un foyer d'enfants.
b chez une famille riche.
c dans les rues.
d a quitté son village.
e sera infirmière.
f son éducation et son logement.

écrire **6** Imagine que tu es Derartu.
Réécris l'article de l'exercice 5 de
ton point de vue.

> Aujourd'hui, je suis contente.
> J'ai 15 ans, je vais au collège …

Expo-langue ▶ Grammaire 3.4

The imperfect tense is used to describe
what things were like over a period of time.
Elle **aidait** dans la cuisine.
= She *helped/used to help* in the kitchen.

lire 1 Lis le quiz. Copie les sept mots/expressions soulignés. Utilise le contexte pour trouver la bonne définition de chaque mot/expression.

1 Combien de personnes <u>meurent</u> chaque jour à cause de la <u>faim</u>?
a 1 000
b 10 000
c 24 000

2 Qui sont les gens les plus touchés par la faim?
a les enfants de moins de 5 ans
b les adolescents
c les personnes âgées

3 Qu'est-ce qui cause la majorité des morts de faim?
a la malnutrition quotidienne
b la guerre
c la famine

4 <u>L'espérance de vie</u> en Grande-Bretagne est de 78 ans. Quelle est l'espérance de vie au Malawi en Afrique?
a 38 ans
b 48 ans
c 68 ans

5 Quelle <u>maladie</u> <u>tue</u> plus de gens que la faim en Afrique?
a le cancer
b le <u>SIDA</u>
c le choléra

6 À New York, combien d'enfants vivent en dessous du <u>seuil de pauvreté</u>?
a 10%
b 25%
c 40%

quotidien = everyday

1 life expectancy
2 kills
3 poverty line
4 hunger
5 disease
6 die
7 AIDS

lire 2 À deux. Fais le quiz.

lire 3 Qu'est-ce qu'on peut faire pour aider? Relie les idées et les images.

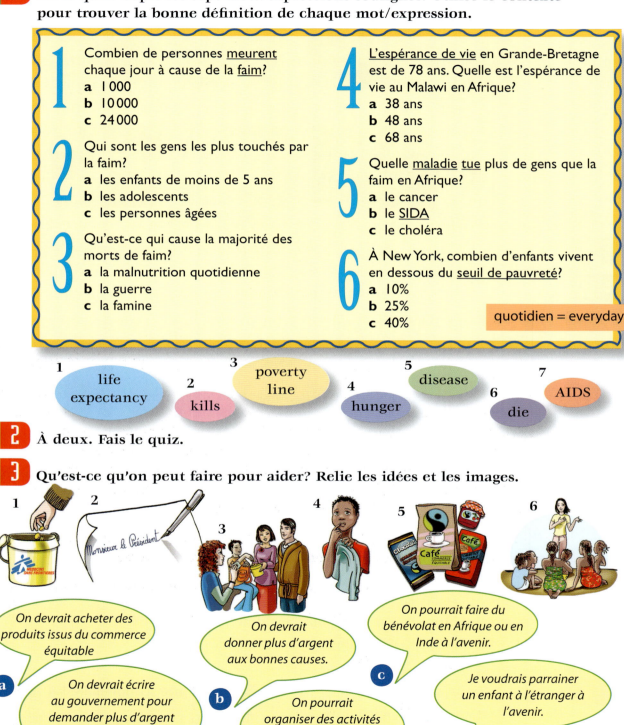

a On devrait acheter des produits issus du commerce équitable

b On devrait donner plus d'argent aux bonnes causes.

c On pourrait faire du bénévolat en Afrique ou en Inde à l'avenir.

d On devrait écrire au gouvernement pour demander plus d'argent pour les pays en voie de développement.

e On pourrait organiser des activités pour collecter de l'argent au collège.

f Je voudrais parrainer un enfant à l'étranger à l'avenir.

parrainer = to sponsor

écouter 4 Mets les idées de l'exercice 3 (a–f) dans le bon ordre.

Exemple: c, …

Expo-langue ▶ Grammaire 3.8

Modal verbs are often used in the conditional tense.
Je **voudrais** parrainer un enfant. = I *would like* to sponsor a child.
On **devrait** acheter des produits issus du commerce équitable.
= We *should* buy fair trade products.
On **pourrait** donner plus d'argent. = We *could* give more money.

parler 5 À deux. Mets les idées de l'exercice 3 dans l'ordre d'importance pour toi. Utilise ces expressions:

L'idée la plus importante, c'est que … Puis … Ensuite, … Finalement, …	Tu es d'accord? Je (ne) suis (pas) d'accord. Tu as raison.

écrire 6 Prépare un poster avec le titre «Comment aider à combattre la faim?». Utilise les idées de l'exercice 3 et tes propres idées.

lire 7 Copie et complète le texte.

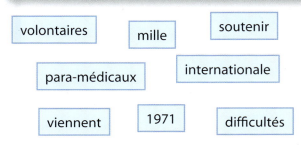

Médecins Sans Frontières (MSF), fondée en (1) _____, est une organisation humanitaire d'origine française. Chaque année, plus de (2) _____ volontaires partent pour les pays où les gens sont en (3) _____. La plupart des volontaires sont médecins ou (4) _____. Mais on a aussi besoin d'administrateurs, d'architectes, etc. MSF est une organisation (5) _____: tandis que 65% des volontaires sont français, les autres (6) _____ des cinq continents, y compris les États-Unis, le Japon, l'Amérique du Sud et l'Asie.

D'Angola en Zambie, ces (7) _____ partent en missions d'urgence ou pour aider à (8) _____ des programmes nutritionnels à long terme.

volontaires	mille	soutenir

para-médicaux	internationale

viennent	1971	difficultés

Mini-test

I can …
- talk about schools in different countries
- give opinions about school
- talk about jobs I do
- say how much money I get
- understand information about world issues

écouter 8 Écoute et vérifie.

lire **1** À deux. Que penses-tu? Copie et complète la grille avec les détails sur les principales religions en France.

Principales religions	Pourcentage approximatif de pratiquants	Livre sacré	Exemples de symboles importants	Images
Bouddhiste				
Catholique				
Juif				
Musulman				
Protestant				
Sans religion				

Pourcentage approximatif de pratiquants:

1%   1%   2%   6%   8%   82%

Livres sacrés:

le Tenakh   le Coran   la Bible   la Tipitaka

Symboles importants:

le lotus, la statue de Bouddha   les minarets, le foulard

la menorah, la kippa   la croix

Images:

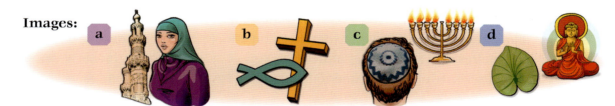

a   b   c   d

écouter **2** Écoute et vérifie tes réponses.

parler **3** À deux. Lis la conversation. Prépare une conversation sur chaque personne en changeant les mots en gras.

■ **Alok** est de quelle religion?
● Il est **hindou**.
■ Quel est le livre sacré de cette religion?
● C'est **le Mahabarata**.
■ Est-ce qu'il y a des symboles importants dans cette religion?
● Oui, il y a **les statues de Ganesha**, par exemple.

Mohammed, musulman

Marc, juif

Sarah, bouddhiste

Marie-Thérèse, catholique

parler **4** À deux. Tu vas lire un article de journal sur le port du foulard dans les écoles en France. D'abord, discute ces questions en anglais.

■ Why do you think some French schoolgirls might choose to wear a religious headscarf (le foulard) to school?

■ 'Overtly religious symbols' (les «signes religieux ostentatoires») are banned in French schools. Why do you think that might be?

■ Some people see the wearing of the headscarf by teenage girls as an attack on women's freedom. Why do you think that might be?

lire **5** Lis l'article du journal et choisis la bonne fin pour chaque phrase.

Lila et Alma: exclues de l'école à cause de leurs foulards

Ces deux sœurs de 16 ans et 18 ans ont été exclues de leur lycée à Aubervilliers (Paris) parce qu'elles voulaient porter le foulard, symbole de leur religion musulmane.

Les deux jeunes filles ont passé devant un conseil de discipline composé du directeur du lycée, des professeurs et des représentants des élèves. Ce conseil a décidé que le port du foulard est «un signe religieux ostentatoire» et les filles ont donc été exclues. En France, la religion et l'éducation sont séparées. C'est pourquoi il n'y a pas d'éducation religieuse dans les écoles françaises.

Pour certaines personnes, le port du foulard par les adolescentes, même consenti, représente une attaque à la liberté de toutes les femmes. Pourtant, Lila et Alma choisissent de porter le foulard car ça fait partie de leur religion.

1	Lila et Alma sont	**a** un groupe composé de professeurs et d'élèves.
2	Elles ont été exclues	**b** porter leurs foulards.
3	Le conseil de discipline est	**c** car elles portaient un foulard musulman.
4	Le conseil de discipline pense que	**d** des élèves de lycée à Paris.
5	Lila et Alma ont choisi de	**e** le foulard est un signe religieux trop évident.

écouter **6** Écoute les opinions et dis si chaque personne est pour ou contre le droit de porter le foulard en classe. Note en anglais la raison donnée par chaque personne. (1–4)

parler **7** À deux. Un(e) partenaire est pour le port du foulard en classe et l'autre est contre. Prépare une conversation sur le port du foulard. Utilise les idées du tableau et tes propres idées.

À mon avis, Je pense que D'un autre côté,	la religion et l'éducation devraient être séparées. c'est un préjugé contre les musulmans. le foulard est un symbole très important de la religion musulmane. les symboles d'autres religions ne sont pas interdits. les jeunes filles qui portent un foulard n'ont pas de liberté. le foulard est un symbole de l'oppression des femmes. on n'est pas libre si on ne peut pas porter ce qu'on veut. il faut respecter la liberté de chaque personne de choisir ses vêtements. …
Es-tu d'accord? Je (ne) suis (pas) d'accord. Tu as raison!	

1 Lis les textes, puis copie les mots soulignés. Trouve la bonne définition pour chaque mot.

Gandhi (1869–1948)

Cet avocat lutte pour que son pays, l'Inde, qui appartient encore à la Grande-Bretagne, devienne indépendant. Mais c'est <u>un homme de paix</u>. Il utilise les moyens non-violents: il refuse de prendre les armes et fait des <u>grèves de la faim</u>. Il défend aussi les «intouchables», les Indiens considérés de père en fils comme des sous-hommes, qui font les travaux les plus <u>difficiles</u>. En 1947, Gandhi réussit à <u>supprimer</u> cette appellation. <u>Surnommé</u> «mahatma», la grande âme, il est assassiné le 30 janvier 1948.

Martin Luther King (1929–1968)

Il <u>se bat</u> pour les droits des Noirs aux États-Unis. Comme en Afrique du Sud, les Noirs n'ont pas le droit de se <u>mélanger</u> aux Blancs. En 1955, une passagère noire, Rosa Parks, <u>s'assoit</u> à l'avant d'un bus et non à l'arrière, comme le prévoit <u>la loi</u>. Elle est <u>arrêtée</u>. Martin Luther King fait partie de la NAACP (Association nationale pour la promotion des gens de couleur), qui la fait libérer. Sa maison est dynamitée. Le 28 août 1963, lors d'une grande <u>manifestation</u> à Washington, il <u>fait un discours</u> devenu célèbre: «J'ai fait un rêve …» Il y décrit un monde de liberté et de justice pour tous. Prix Nobel de la paix en 1963, il est assassiné le 4 avril 1968 par un Blanc.

1 des périodes où on refuse de manger	7 lutte
2 parle en public à un groupe	8 appelé
3 quelqu'un qui est contre la guerre	9 prend une place
4 emmenée par la police	10 difficiles
5 les règles du pays	11 abolir
6 un groupe de gens qui protestent	12 associer

2 Lis les phrases. Vrai (✔) ou faux (✘)?

1 Gandhi utilisait les moyens violents.
2 Il défendait les droits des «intouchables».
3 Le nom «intouchable» a été banni en 1957.
4 Le surnom de Gandhi était «Mahatma».
5 Il est mort à cause d'une grève de la faim.
6 La cause défendue par Martin Luther King était les droits des Noirs en Amérique.
7 La police a arrêté une passagère de bus car elle s'était assise sur une place réservée aux Blancs.
8 Martin Luther King a aidé à libérer Rosa Parks.
9 Les paroles les plus célèbres de Martin Luther King sont «J'ai fait un rêve … »
10 Il a remporté le prix Nobel en 1968.

3 Écoute et complète les phrases sur Nelson Mandela.

1 Nelson Mandela est né en …
2 Il habite en …
3 Il a lutté contre …
4 Les Noirs étaient séparés des Blancs, par exemple dans …
5 Nelson Mandela a été emprisonné en …
6 Il a été emprisonné parce qu'il a commencé …
7 En 1990, il a été …
8 En 1991, l'apartheid a été …
9 En … , Nelson Mandela est devenu …

parler **4** Prépare une présentation sur Nelson Mandela.

● Décris ce qu'il a fait.
● Explique pourquoi tu l'admires.

	c'était …	un homme de paix. un grand défenseur des droits humains. un modèle pour les jeunes. …
Je l'admire parce que …	c'était quelqu'un qui …	luttait contre l'injustice. refusait de perdre espoir. …
	il était …	tenace. calme. en avance sur son époque. …

écrire **5** Écris un article sur Mère Térésa de Calcutta.

Décris ce qu'elle a fait:

● née en Macédoine en 1910
● quitte sa famille à 18 ans pour devenir religieuse
● habite et travaille à Calcutta en Inde
● défend les droits des plus pauvres
● fonde la Société des Missionnaires qui donne de l'aide aux gens pauvres du monde entier
● reçoit le prix Nobel de la paix en 1979
● est morte en 1997

Explique pourquoi tu l'admires.

Unité 1

I can

- talk about schools in different countries

  Les élèves portent l'uniforme scolaire/ doivent acheter leurs propres cahiers.

- give opinions about school

  Les journées scolaires sont trop longues./L'éducation religieuse n'est pas importante.

- G use plural possessive adjectives

  leurs professeurs/nos livres

Unité 2

I can

- talk about jobs I do
- say how much money I get

  Je livre des journaux./J'aide à la maison.
  Mes parents me donnent de l'argent de poche./On me donne £4 par jour.

- understand information about child workers

  Les parents ne pouvaient pas nourrir la famille./Elle travaillait douze heures par jour.

- G use some indirect pronouns

  On me donne £4 par jour./On te donne de l'argent?

Unité 3

I can

- understand information about world poverty

  24 000 personnes meurent chaque jour à cause de la faim./L'espérance de vie au Malawi est de 38 ans.

- talk about what can be done to help

  On devrait acheter des produits issus du commerce équitable./On pourrait faire du bénévolat.

- G use modal verbs in the conditional tense

  on devrait/on pourrait/je voudrais

Unité 4

I can

- understand information about the main religions in France

  La grande majorité de la population est catholique./Les musulmans représentent environ 8% de la population en France.

- find out about other religions

  Alok est de quelle religion?/Quel est le livre sacré de ta religion?

- understand information about a topical issue

  Lila et Alma: exclues de l'école à cause de leurs foulards

- give my opinion about a topical issue

  C'est un préjugé contre les musulmans./La religion et l'éducation devraient être séparées.

Unité 5

I can

- understand information about famous people

  Martin Luther King s'est battu pour les droits des Noirs aux États-Unis.

- talk about why I admire someone

  C'était un homme de paix./C'était quelqu'un qui a lutté contre l'injustice.

- understand authentic texts including complex sentences

  Cet avocat a lutté pour que son pays, l'Inde, qui appartient encore à la Grande-Bretagne, devienne indépendant.

1a Benjamin parle des droits. À son avis, quel est le problème le plus grave?

a la liberté religieuse   **b** l'éducation   **c** la faim

1b Qu'est-ce qu'on pourrait faire pour aider?
Mets les idées de Benjamin dans le bon ordre.

2 À deux. Prépare ces conversations en français pour Ross et Emily.

- Quel âge as-tu et où habites-tu?
- Est-ce que tu travailles?
- Qu'est-ce que tu fais?

- Est-ce qu'on te donne de l'argent de poche?
- Est-ce que tu aimes travailler?

Ross, 14 ans, Plymouth

tous les jours

Emily, 13 ans, Dundee

le week-end   par jour

3 Copie et complète le texte.

> Lila et Alma Levy sont deux (**1**) _____ de 16 ans et 18 ans qui habitent à Aubervilliers près de Paris. Elles ont été exclues de (**2**) _____ collège parce qu'elles voulaient porter le foulard musulman. La (**3**) _____ et l'éducation sont séparées en France. En plus, certaines personnes (**4**) _____ que le port du foulard par les adolescentes représente une attaque à la (**5**) _____ de toutes les femmes. Pourtant, Lila et Alma (**6**) _____ porter le foulard car c'est un (**7**) _____ important de leur religion. Leur père, un avocat (**8**) _____, soutient leur décision.

liberté   leur   veulent   symbole   juif   religion   pensent   élèves

4 Écris un article pour le site Internet de ton école sur les avantages et les inconvénients du système scolaire en France et en Angleterre.

Déclaration des droits de l'enfant

écouter 1 Écoute et complète les dix droits de l'enfant. Les mots qui manquent sont tous des mots connus ou du même origine que l'anglais.

191 pays du monde ont approuvé ces **10 droits de l'enfant:**

1 Droit à la vie
Droit d'**(1)** _____ nourri et logé

2 Droit à la (2) _____
Droit de recevoir médicaments et soins

3 Droit à l'(3) _____
Droit d'apprendre à **(4)** _____ et écrire à l'école

4 Droit à la (5) _____
Droit de vivre avec sa famille ou au moins de **(6)** _____ son père et sa mère

5 Droit à la protection contre le (7) _____
Tous les **(8)** _____ ont les mêmes droits sans distinction de **(9)** _____ ou de sexe

6 Droit à la (10) _____ **contre les mauvais traitements**
Droit de ne pas être battu

7 Droit à la protection contre l'(11) _____
Droit, pour les plus petits, de ne pas **(12)** _____

8 Droit à la protection contre la guerre
En dessous de **(13)** _____ ans, droit de ne pas être engagé comme soldat

9 Droit à une (14) _____ culturelle et religieuse
Droit de choisir sa langue, sa **(15)** _____, ses traditions et ses idées

10 Droit à la (16) _____
Droit de s'exprimer

parler 2 À deux. Discutez les dix droits de l'enfant. Lesquels sont les plus importants pour vous? Utilisez ces expressions:

À mon avis, Je pense que/qu'	le droit le plus important, c'est le droit de … parce que … un autre droit important, c'est … car … le droit de … est moins important parce que …
Tu es d'accord? Je (ne) suis (pas) d'accord. Tu as raison!	

3 Lis le texte. Copie les mots soulignés et utilise le contexte pour trouver le sens de chaque mot.

Nicolas, 22 ans

«Quand j'étais petit, j'habitais dans un <u>quartier</u> où la majorité des gens étaient arabes. Mon meilleur copain, Malik, était Marocain. On habitait dans le même quartier et on allait à l'école ensemble. Au collège, mes copains étaient noirs, <u>beurs</u> et blancs. Dans le quartier, nos mères échangeaient des <u>recettes</u> de cuisine: nous mangions du <u>couscous</u> ou du pain. Le <u>brassage</u> culturel, c'est vraiment une bonne chose! Mais notre société ne va malheureusement pas dans ce <u>sens</u>. Aujourd'hui encore, j'ai des copains japonais, allemands, arabes … Et pour discuter ensemble, il nous faut une base commune: le respect. Le racisme, c'est une preuve d'ignorance.»

Ahmed, 22 ans

«On ne devrait pas parler d'intégration. C'est une idée du passé. Nous, les jeunes, nous sommes nés en France, nous parlons la même langue, nous partageons la même culture et nous faisons les mêmes activités que les autres Français. Mais les préjugés existent. Dans ma <u>cité</u>, il y a beaucoup de vols dans les magasins et les voitures; et les gens donnent toujours la faute à nous, jeunes Maghrébins. Un autre exemple: je voulais aller à une <u>soirée étudiante</u> avec mes copains; à l'entrée, j'ai été <u>le seul</u> à qui on a demandé sa <u>carte d'étudiant</u>. C'est pas juste! En ce moment, le seul moyen de ne pas être marginalisé, c'est le sport.»

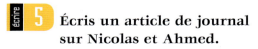

the only one · recipes · direction · inter-mixing · student ID card · student party · area of town · young North Africans born in France · housing estate · a North African food

4 C'est l'opinion de Nicolas ou d'Ahmed?

1 Dans le sport, il n'y a pas d'attitudes racistes.
2 La chose la plus importante, c'est le respect.
3 Si on habite ensemble, on ne remarque pas les différences entre les gens.
4 Des attitudes racistes existent dans l'éducation et la vie de tous les jours.
5 L'intégration est une idée démodée car les jeunes nés en France sont français.
6 Le racisme est un manque de compréhension.

5 Écris un article de journal sur Nicolas et Ahmed.

Nicolas et Ahmed: deux jeunes hommes, deux points de vue

Quand il était enfant, Nicolas, 22 ans, habitait dans un quartier où il y avait beaucoup de familles arabes. Ses copains d'école étaient …

Jeux des droits humains

lire 1 Regarde et lis le poème.

LIBERTÉ

I dées

B onheur

E ntente

R êves

T olérance

É galité

et

DROITS

R esponsabilités

O ptimisme

O nformation

I raditions

S olidarité

écrire 2 À deux. Utilise le dictionnaire. Écris un autre poème avec un dessin pour un de ces mots ou une de ces expressions.

ÉDUCATION   **LES ENFANTS TRAVAILLEURS**   **RACISME et TOLÉRANCE**

parler 3 **En groupes. Trouvez un dé et jouez au jeu des droits humains.**

- Si tu tombes sur un serpent, tu dois descendre.
- Si tu tombes sur une échelle, tu montes seulement si tu fais ce qui est marqué dans la case.
- Il faut avoir le nombre exact pour finir.

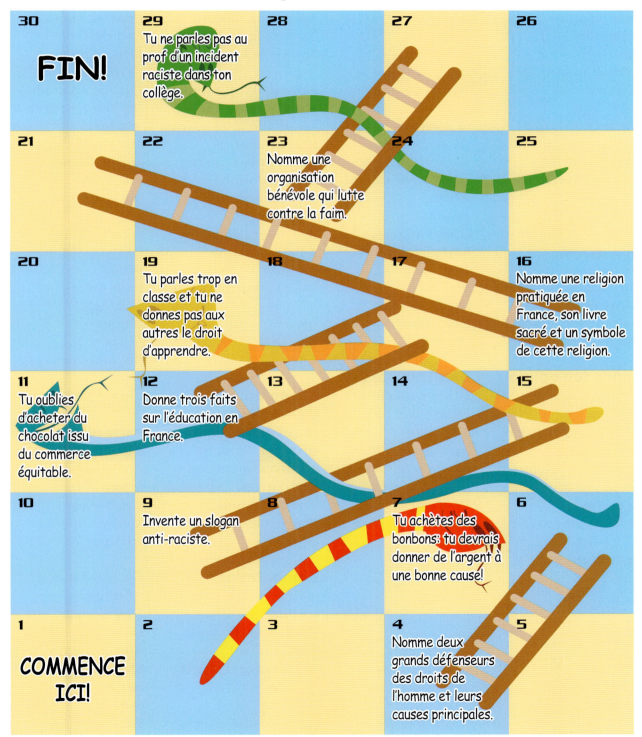

L'école / *School*

le collège	secondary school
le professeur	teacher
absent(e)	absent
les affaires (f)	things
annulé(e)	cancelled
apprendre	to learn
choisir	to choose
commencer	to begin
le cours	the lesson
finir	to end
fournir	to provide
la journée scolaire	the school day
la matière	the school subject
l'éducation religieuse (f)	religious education
porter	to wear
propre	own
l'uniforme scolaire	school uniform
mon, ma, mes	my
ton, ta, tes	your (singular)
son, sa, ses	his/her
notre, nos	our
votre, vos	your (plural)
leur, leurs	their

Donne ton opinion / *Give your opinion*

À mon avis, …	In my opinion, …
Je pense que …	I think that …
L'avantage principal est que …	The main advantage is that …
D'un autre côté, …	On the other hand, …
Tu es d'accord?	Do you agree?
Je (ne) suis (pas) d'accord.	I (don't) agree.
Tu as raison!	You're right!

Le travail / *Work*

Je (ne) travaille (pas) …	I (don't) work …
en dehors de la maison	outside my home
Je livre des journaux.	I deliver newspapers.
J'aide à la maison.	I help at home.
Je mets la table.	I set the table.
Je vide le lave-vaisselle.	I empty the dishwasher.
Je passe l'aspirateur.	I do the vacuuming.
Mon frère sort la poubelle …	My brother puts out the bin …
tous les matins	every morning
pendant la semaine	during the week
On me donne …	I'm given …
Mes parents me donnent …	My parents give me …
de l'argent de poche	pocket money
4 livres sterling	£4
par jour	per day
Je paie mes vêtements.	I pay for my clothes.
me	(to) me
te	(to) you
lui	(to) him/her

Les enfants travailleurs / *Child workers*

un(e) domestique	a servant
un foyer d'enfants	a children's home
nettoyer la maison	to clean the house
nourrir	to feed
une organisation bénévole	a voluntary organisation/ charity

Combattre la faim / *Tackling world hunger*

un adolescent	a teenager
en dessous du seuil de pauvreté	below the poverty line
l'espérance de vie (f)	life expectancy
la faim	hunger
la guerre	war
une maladie	an illness

mourir	*to die*
les personnes âgées	*elderly people*
le SIDA	*AIDS*
tuer	*to kill*

Une bonne cause — *A good cause*

on devrait …	*you ought to/ should …*
on pourrait …	*you could …*
je voudrais …	*I would like to …*
collecter de l'argent	*collect money*
faire du bénévolat	*do voluntary work*
les pays en voie de développement	*the developing countries*
acheter des produits issus du commerce équitable	*buy fair trade products*
parrainer un enfant	*sponsor a child*
soutenir	*to sustain, support*
un(e) volontaire	*a volunteer*

La religion — *Religion*

bouddhiste	*Buddhist*
catholique	*Catholic*
juif	*Jewish*
musulman	*Muslim*
protestant	*Protestant*
sans religion	*without a religion*
un pratiquant	*a believer*
le livre sacré	*the sacred book*
ça fait partie de leur religion	*that's a part of their religion*
choisir	*to choose*
un conseil de discipline	*a discipline committee*
exclu(e)	*excluded, expelled*
un foulard	*a religious headscarf worn by Muslim women*
la liberté	*freedom*

Les défenseurs des droits — *Defenders of human rights*

arrêter	*to arrest*
l'arrière	*the back*
assassiner	*to murder*
l'avant	*the front*
un avocat	*a lawyer*
se battre pour	*to fight for*
célèbre	*famous*
un discours	*a speech*
une grève de la faim	*a hunger strike*
libérer	*to liberate/set free*
la loi	*the law*
lutter	*to fight/struggle*
une manifestation	*a demonstration*
se mélanger à	*to mix with*
un moyen	*a method*
la paix	*peace*
une passagère	*a passenger (female)*
pénible	*hard*
supprimer	*to get rid of*

Stratégie 6
Reading complicated texts (2)

Here are some more strategies for coping with complicated texts.

- I pick out what seem to be the key words – they often appear more than once.
- I look out for names of people and places.
- I don't just look at the whole word, I look at parts of a word to see if I can use that to work out the meaning.
- I try to spot word categories, e.g. verbs, nouns or adjectives.
- I use my knowledge of grammar. For example, can I spot what tense a verb is in?

1 Lis les deux textes et les phrases. C'est Pauline, Lola ou les deux?

Pauline Paresse

Lola Lèvetôt

D'habitude, le week-end, j'aime rester au lit et je me réveille vers dix heures et demie. Je prépare des toasts et du café et je prends mon petit déjeuner au lit. Je lis dans ma chambre aussi. Je suis fan de BD, surtout de Tintin.

Mais le week-end dernier, je me suis levée à sept heures et quart. Je me suis douchée et j'ai pris mon petit déjeuner avec ma famille. On a quitté la maison vers huit heures et on est partis en voiture. Pourquoi? On est allés au musée de la Bande Dessinée, à Angoulême. C'était chouette!

En général, le week-end, je me lève vers sept heures et quart. Je me douche rapidement, je prends mon petit déjeuner dans la cuisine, je me brosse les dents et je quitte la maison vers huit heures. Je retrouve mon petit ami, Vincent, et on va en ville. On adore les BD et il y a une très bonne librairie avec une grande collection de BD.

Mais le week-end dernier, je me suis levée vers dix heures et demie. Je ne me suis pas douchée, je n'ai pas pris de petit déjeuner. Je suis restée dans ma chambre et j'ai lu mes BD. Pourquoi? C'est fini avec Vincent. Il sort avec Mélanie Lemiel. Je les déteste!

1   D'habitude, le week-end, elle se lève à sept heures et quart.
2   Le week-end dernier, elle s'est levée à dix heures et demie.
3   Elle aime beaucoup les BD.
4   Le week-end dernier, elle a quitté la maison à huit heures.
5   Elle est restée dans sa chambre et elle a lu des BD.
6   Elle a visité un musée.

 2 Décris un week-end normal et un week-end anormal. Utilise ton imagination!

Exemple:
D'habitude, le week-end, je me lève tard et je …
Mais le week-end dernier, je me suis levé(e) de bonne heure,
je/j'ai … et j'ai retrouvé mon copain Thierry Henry. On a/est …

1 Lis le texte, puis copie et relie les mots français et anglais.

Olivier Martinez – *la prochaine grande star française?*

Né le 12 janvier 1966 à Paris, Olivier Martinez a décidé à 23 ans de devenir acteur. Il a suivi sa formation d'acteur au conservatoire de Paris et un an plus tard, il a joué dans son premier film, *Plein fer*. En 1994, il a gagné un César (un Oscar français) pour le film *Un, deux, trois, soleil*. C'était le César du Meilleur Espoir.

Jeune, beau et athlétique, Olivier Martinez a attiré très tôt l'attention des metteurs en scène d'Hollywood et depuis 2000, on l'a vu dans plusieurs films américains: *Avant la nuit* avec Sean Penn, *Infidèle* avec Richard Gere, *S.W.A.T.* avec Samuel L. Jackson et *Taking lives (Destins violés)* avec Angelina Jolie. Les Américains l'ont nommé le «French Brad Pitt». Alors, est-ce le nouveau grand sex-symbol? Notre jeune vedette française va-t-elle conquérir le monde du cinéma international? Il faut attendre. On va bientôt le savoir.

he won
to become   young
soon   a year later
film directors
Best Newcomer (literally: Best Hope)
training as an actor
drew the attention of   first
good-looking   born

beau
il a gagné
un an plus tard
bientôt   devenir
formation d'acteur   a attiré l'attention de
jeune   premier
Meilleur Espoir   metteurs en scène
né

2 Vrai (✔) ou faux (✗)?

1 L'anniversaire d'Olivier Martinez, c'est le douze janvier.
2 Il a joué dans son premier film à l'âge de 23 ans.
3 Il a gagné le César du Meilleur Acteur.
4 Depuis 2000, on a vu Olivier dans quatre films américains.
5 Les Américains l'appellent le «French Tom Cruise».

3 Réponds aux questions en français.

1 Quand est-ce qu'Olivier Martinez est né?
2 À quel âge a-t-il décidé de devenir acteur?
3 Quel César a-t-il gagné?
4 Dans combien de films américains a-t-il joué?
5 Comment les Américains l'appellent?

1 **Lis les textes. Qui …**

1 … aura une grande maison?
2 … sera heureux/heureuse?
3 … étudiera l'histoire?
4 … travaillera dans un garage?
5 … ira à l'université?
6 … aura des enfants?
7 … voyagera?

Plus tard, j'irai à l'université où je ferai une licence d'histoire. Je rencontrerai la femme de mes rêves et on aura trois enfants. On sera riches et on habitera dans une grande maison à Paris.
Laurent

Plus tard, je ferai un apprentissage dans un garage. J'aurai une belle voiture et je serai heureuse. À 25 ans, je rencontrerai l'homme de mes rêves et on fera le tour du monde ensemble.
Lara

2 **Corrige l'erreur dans chaque phrase.**

1 Laurent aura deux enfants.
2 Lara aura une belle moto.
3 Laurent habitera dans une petite maison.
4 Lara fera un apprentissage dans un salon de coiffure.
5 Laurent étudiera le français.
6 Laurent fera le tour du monde.

3 **Écris un paragraphe sur chaque personne.**

Exemple:

Plus tard, Shaun fera un apprentissage dans un salon de coiffure. Puis …

Shaun will:
• do an apprenticeship at a hairdresser's
• meet the woman of his dreams
• live in a small house
• have a lovely motorbike
• be happy

Sharon will:
• go to university
• do a degree in French
• go on a world tour
• meet the man of her dreams
• have two children

lire 1 **Lis le texte, puis complète les phrases.**

Bruno Wilcox est chauffeur de camion. Il travaille pour une grande entreprise qui transporte des produits de Birmingham en Angleterre vers d'autres pays d'Europe.

Demain, Bruno ira en Belgique où il parlera français avec ses collègues belges.

Le français est important pour lui. S'il a des problèmes avec son camion, il peut communiquer plus facilement avec le mécanicien. Mais plus important encore, demain soir, il mangera avec ses collègues belges dans un café local. Ils regarderont le match à la télé et ils joueront au flipper. Comme il parle un peu français, il peut avoir un contact plus sympathique avec les gens.

Bruno voyage souvent en Belgique, en France et en Suisse. Il a des copains dans chaque pays parce qu'il parle un peu de français. Cette année, il passera ses vacances chez un collègue à Nice, dans le sud de la France.

1 Le métier de Bruno est …
2 Le siège de son entreprise se situe à …
3 Demain, Bruno voyagera …
4 Il pense que le français est …
5 Il parle français quand il fait réparer …
6 Demain soir, il parlera français …
7 Comme il parle français, il a …
8 Bruno voyage régulièrement …

> siège = headquarters

lire 2 **Bruno parle. Vrai (✔), faux (✘) ou on ne sait pas (?)?**

1 Je suis chauffeur de camion.
2 Je ne voyage pas souvent en Europe.
3 J'habite en Belgique.
4 J'ai deux enfants.
5 Je pense que le français est important.
6 Demain soir, j'irai au café.
7 Cette année, je passerai mes vacances dans un camping à Nice.

écrire 3 **Réécris l'article du point de vue de Bruno.**

Exemple: Je m'appelle Bruno Wilcox et je suis chauffeur de camion. Je travaille …

écrire 1 Écris un poème. Choisis des mots dans les listes.

Exemple: Ma copine Colette a mal à la tête,
Mon frère Romain a mal à la …

(demi-)frère

(demi-)sœur

(beau-)père

(belle-)mère

copain/copine

Hugo

Colette

Georges

Lola

Théo

Emma

Thomas

Chloé

Lucas

Mireille

Romain

Fleur

Vincent

bras

cœur

doigt

dos

nez

pied

gorge

dent

tête

main

oreille

lire 2 Lis et copie le texte dans le bon ordre.

Exemple: Pour moi, il est important d'être en …

fumé et je ne mange plus de
salsa et un cours d'aérobic. Je n'ai jamais
chips puisque c'est trop gras. Ma faiblesse,
forme. Donc je mange sain et je fais beaucoup
c'est le chocolat, mais je n'en
heures par nuit en semaine, mais le week-end, je fais la grasse matinée.
d'exercice. La semaine dernière, par exemple,
je suis allée trois fois à la gym. J'ai fait de la
mange pas beaucoup. Je ne dors que sept

1 Lis le texte et les phrases. Qui parle – Nabila, Sunita, Benjamin ou Nathan? Ou deux personnes?

Exemple: **1** Nathan

Salut! Je m'appelle Nabila et j'ai une sœur jumelle qui s'appelle Sunita. C'est bizarre, mais on sort aussi avec des jumeaux! Ils s'appellent Benjamin et Nathan.

Sunita et moi, on est jumelles, mais on n'aime pas toujours les mêmes choses. Par exemple, hier, on est allées au centre de sport puisqu'on est toutes les deux assez sportives. Mais moi, j'ai fait du judo, pendant qu'elle, elle a joué au basket. Et après, à la cafétéria, on a mangé des choses tout à fait différentes. Elle, elle a choisi une omelette aux champignons car elle est végétarienne, mais moi, je déteste les légumes, donc j'ai pris le poulet frites.

Et Nathan et Benjamin aussi sont différents. La semaine prochaine, par exemple, ils seront en vacances au Canada. Benjamin adore les sports d'hiver, donc il fera du ski et du surf sur neige, pendant que Nathan restera à l'hôtel. Lui, il n'aime pas avoir froid et il ira au sauna ou il fera de la natation dans la piscine chauffée.

1 J'ai un frère jumeau qui aime faire du ski.
2 Ma sœur jumelle est végétarienne.
3 J'irai au Canada avec mon frère, mais lui, il n'aime pas le froid.
4 On a mangé à la cafétéria, mais moi, je n'ai pas pris de légumes.
5 Je resterai à l'hôtel où il fait plus chaud.
6 Hier, on a fait du sport, mais on n'a pas fait le même sport.
7 Moi, j'irai à la montagne, pour les sports d'hiver.
8 Je ne mange jamais de viande.

2 Continue l'histoire. Écris au présent, au passé et au futur. Écris en paragraphes, avec des conjonctions (mais, car, puisque, quand, etc.). Utilise les images, si tu veux.

Exemple: Moi, j'ai fait de l'aérobic, mais Sunita n'aime pas ça. Donc elle, elle a fait de la musculation …

1 **Lis le texte.**

Il était sept heures et demie du soir. Chez la famille Leclerc, tout était tranquille. Madame Leclerc était dans la cuisine où elle faisait de la soupe. Monsieur Leclerc travaillait dans le jardin car il faisait beau. Dans le salon, Annie regardait son émission préférée et ses deux petits frères jouaient aux cartes. Marc était dans sa chambre où il écoutait des CD pendant qu'il faisait ses devoirs. Grand-père, lui, était dans la salle à manger où il lisait le journal et fumait sa pipe. Soudain, le téléphone a sonné … et tout a changé.

Qui …
1 … regardait la télévision?
2 … travaillait dans sa chambre?
3 … était dans la salle à manger?
4 … préparait le dîner?
5 … jouaient ensemble?
6 … lisait?
7 … faisait du jardinage?
8 … écoutait de la musique?

2 **Décris la scène chez la famille Lebœuf hier soir à huit heures.**

1 Lis l'interview avec Kelly Orme. Puis copie et complète la fiche.

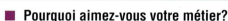

C'est mon métier: Kelly Orme, kinésithérapeute

■ **De quelle nationalité êtes-vous?**

● *Je suis britannique. Je viens de Bristol en Angleterre.*

■ **Quelles matières préfériez-vous au collège en Angleterre?**

● *Ma matière préférée, c'était le sport. Nous avions trois heures de sport par semaine. En hiver, on jouait au hockey ou au foot. On faisait du cross aussi, mais c'était très dur quand il ne faisait pas beau … En été, on faisait de l'athlétisme ou on jouait au tennis. J'aimais aussi les sciences, surtout la biologie et la physique. Heureusement, j'étudiais aussi le français.*

■ **Faisiez-vous partie d'un club au collège?**

● *J'allais dans un club de hockey une fois par semaine. J'allais aussi dans un club de sciences le mercredi pendant l'heure du déjeuner.*

■ **Où habitez-vous maintenant?**

● *En ce moment, j'habite en France parce que je travaille pour une équipe de foot française. Je suis kinésithérapeute, c'est-à-dire que je m'occupe des joueurs blessés. Je travaille en France depuis trois ans, mais avant je travaillais en Écosse pour Aberdeen, une équipe de foot écossaise.*

■ **Pourquoi aimez-vous votre métier?**

● *Je pense que le foot est un sport très passionnant et très physique. J'adore être au bord du terrain pendant un match. C'est un métier très satisfaisant car on aide les gens.*

■ **Parliez-vous français en arrivant en France?**

● *Quand je suis arrivée en France, je parlais un peu français, mais maintenant je parle assez couramment. Je dois savoir communiquer et comprendre les problèmes des joueurs, après tout!*

■ **Qu'est-ce que vous ferez à l'avenir?**

● *Un jour, je voudrais travailler pour l'équipe nationale française.*

Nom:
Nationalité:
Métier actuel:
Métier précédent:
Matières préférées au collège:
Sports pratiqués au collège:
Clubs au collège:
Opinion sur son métier actuel:
Raisons:
Connaissance de la langue française:
Ambition:

---

2 Écris une interview avec Eddie Khan. Utilise cette fiche et invente aussi d'autres détails.

Nom: *Eddie Khan*
Nationalité: *gallois*
Métier actuel: *entraîneur personnel d'un joueur de tennis français*
Métier précédent: *moniteur dans un centre sportif à Cardiff*
Matières préférées au collège: *le sport, la technologie, la musique*
Sports pratiqués au collège: *le rugby, le foot, la voile*
Clubs au collège: *tennis, athlétisme*
Opinion sur son métier actuel: *très passionnant*
Raisons: *adore le tennis, les voyages*
Connaissance de la langue française: *ne parlait pas, assez bien maintenant*
Ambition: *travailler en Amérique*

1 Lis le poème, puis fais deux listes des verbes au présent et au futur.

Optimistes, pessimistes

> Quand on ira à Dieppe, il fera beau.
> S'il pleut, on visitera la ville de Caen.
> Avec le train de quatorze heures,
> on sera très vite à Bayeux,
> où on verra la Tapisserie. C'est fascinant!

> Quand on ira à Dieppe, il fera froid.
> Si on va à Caen, ce sera ennuyeux
> Et la fameuse Tapisserie,
> elle sera nulle et trop petite.
> Si on prend le train pour aller à Bayeux.

Exemple:

Présent	Futur
Il pleut	On ira

2 Relis le poème. Puis copie et complète les phrases en anglais. Qui dit ça? Les parents ou les enfants?

Exemple: **1** When we go to Dieppe it will be cold. *les enfants*

1 When we go to _____ it will be cold.
2 If it _____ we'll visit the town of Caen.
3 If we go to Caen, it'll be _____.
4 With the 2 pm _____ we'll be in _____ very quickly.
5 The famous Tapestry will be _____ and too _____.

3 Lis et continue ce dialogue entre une personne optimiste et une personne pessimiste.

Use the conditional, the perfect tense and the imperfect tense. Check the grammar section or the relevant modules to remind yourself about these tenses, if necessary.

■ Moi, j'aimerais faire de la planche à voile. J'en ai fait l'année dernière et c'était passionnant.

● Moi, je n'aimerais pas faire de planche à voile. J'en ai fait il y a deux ans et il faisait froid!

■ Je voudrais faire/voir/visiter …

1 Lis l'e-mail. C'est vrai (✔) ou on ne sait pas? (**?**)

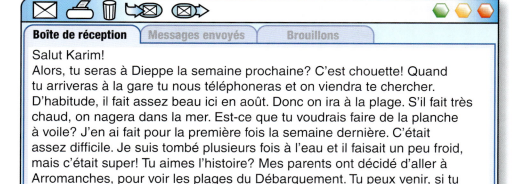

Boîte de réception | Messages envoyés | Brouillons

Salut Karim!
Alors, tu seras à Dieppe la semaine prochaine? C'est chouette! Quand tu arriveras à la gare tu nous téléphoneras et on viendra te chercher. D'habitude, il fait assez beau ici en août. Donc on ira à la plage. S'il fait très chaud, on nagera dans la mer. Est-ce que tu voudrais faire de la planche à voile? J'en ai fait pour la première fois la semaine dernière. C'était assez difficile. Je suis tombé plusieurs fois à l'eau et il faisait un peu froid, mais c'était super! Tu aimes l'histoire? Mes parents ont décidé d'aller à Arromanches, pour voir les plages du Débarquement. Tu peux venir, si tu veux. On ira en voiture mercredi prochain. Ou si tu préfères, toi et moi, on restera à Dieppe. J'aimerais bien essayer la plongée sous-marine. On peut prendre des cours à la piscine. Tu en as déjà fait?
À bientôt!
Théo

1 Karim ira à Dieppe en août.
2 Il prendra le train.
3 Théo viendra à la gare en voiture.
4 Théo veut faire de la natation.
5 Karim aime faire de la planche à voile.
6 Les parents de Théo aiment l'histoire.
7 Ils iront à Arromanches en voiture.
8 Karim n'a jamais fait de plongée sous-marine.

2 Trouve les verbes:

au présent (× 8)
au futur (× 8)
au passé composé (× 4)
à l'imparfait (× 3)
au conditionnel (× 2)

3 Imagine qu'un copain/une copine français(e) veut venir te rendre visite. Écris un e-mail sur les activités possibles à faire, etc. Adapte le texte de l'exercice 1.

● Include examples of all the tenses listed in exercise 2.
● Use connectives, such as *si* and *quand*.
● Check and redraft your work.

Exemple: Tu seras à Birmingham le week-end prochain? C'est super! Quand tu arriveras à l'aéroport, tu nous téléphoneras et on viendra te chercher … Est-ce que tu voudrais … ? J'ai fait … C'était …

1 Copie et complète la grille en anglais pour chaque personne.

	Name	Country	Work	Hours/days	Money	Opinion
1						
2						
3						
4						

Je m'appelle Anne-Sophie et j'habite en Belgique. J'ai treize ans et mes parents me donnent de l'argent de poche si j'aide un peu à la maison. Ils me donnent 10 euros par semaine si je mets la table et si je vide le lave-vaisselle tous les jours. Je sors la poubelle une fois par semaine, et quelquefois je fais aussi du baby-sitting. Je suis contente d'aider à la maison parce qu'il y a six personnes dans ma famille, et c'est trop de travail pour mes parents.

Je suis Patrick et j'habite à la Côte d'Ivoire en Afrique. J'ai quatorze ans et le matin, je vais au collège car je veux aller à l'université plus tard. L'après-midi, tous les jours, je travaille au marché où je porte les paniers des dames qui achètent des légumes. Je ne gagne pas beaucoup d'argent, mais je le donne à ma mère. Le travail est donc important pour moi car j'aide à soutenir ma famille.

Je suis Louise, je suis galloise et j'ai quinze ans. Je travaille tous les matins pendant la semaine, de 6h à 7h30. Je me lève très tôt car je livre le lait avec mon oncle dans les rues près de chez moi. Je pense que l'argent est très utile, mais je suis souvent fatiguée le matin au collège. On me donne quatre livres Sterling par jour, et je fais des économies pour les vacances.

Je m'appelle Bradley et j'habite en Angleterre. Le week-end, j'aide mes parents dans leur magasin. Je travaille de 12h à 17h et j'aime bien rencontrer les gens dans le magasin. Mes parents ne me donnent pas d'argent de poche, mais ils paient mes vêtements et toutes mes affaires d'école. J'ai quatorze ans, et quand je quitterai le collège je travaillerai dans le magasin à plein temps.

2 Écris tes réponses à ces questions.

- Est-ce que tu travailles ou est-ce que tu as de l'argent de poche?
- Qu'est-ce que tu fais pour aider à la maison?
- Tu aimes aider à la maison? Pourquoi?
- Quel travail voudrais-tu faire à l'avenir?

1 Lis le texte et réponds aux questions.

Elizabeth Fry (1780–1845)

Cette femme anglaise, née à Norwich, lutte pour les prisonnières. Malgré le fait que c'est une dame riche, elle commence à visiter la prison de Newgate en 1813. Quatre ans plus tard, elle fonde une association qui défend les droits des prisonnières à la prison de Newgate. L'association se bat pour la séparation des hommes et des femmes, les gardiens de sexe féminin pour les femmes, et le droit à l'éducation en prison. Grâce à ce travail et aux visites d'Elizabeth Fry dans d'autres prisons en Grande-Bretagne, les conditions de vie deviennent plus agréables pour les femmes, non seulement dans les prisons mais aussi dans les hôpitaux.

Fry réussit aussi à améliorer les conditions de vie dans certaines prisons en Europe. Aujourd'hui, on trouve des sociétés Elizabeth Fry au Canada dont le rôle est d'aider les femmes en prison.

1 Elizabeth Fry était de quelle nationalité?
2 Pour quelle cause est-ce qu'elle luttait?
3 Où est-ce qu'elle a commencé son travail?
4 Quels sont les trois changements qu'elle voulait voir dans les prisons?
5 Dans quelles deux sortes d'établissements est-ce qu'elle a aidé à améliorer les conditions de vie?
6 Que fait la société Elizabeth Fry?

> grâce à = thanks to

2 Qu'est-ce qu'on pourrait faire pour améliorer ton collège? Écris une lettre au directeur/à la directrice pour proposer tes idées. Utilise la grille et tes propres idées aussi.

> Madame la Directrice/Monsieur le Directeur,
>
> Je vous écris parce que j'ai quelques très bonnes idées sur ce qu'on pourrait faire pour améliorer notre collège.

Tout d'abord, Puis Ensuite, Aussi, En plus, Finalement,	on pourrait … on devrait … les professeurs devraient … les élèves devraient …	changer les heures avoir moins de devoirs apprendre d'autres langues abolir l'uniforme scolaire

Grammaire

SECTION 1 Nouns and pronouns

1.1 Gender
1.2 Singular/plural
1.3 The definite article
1.4 The indefinite article
1.5 The partitive article
1.6 Subject pronouns
1.7 Direct object pronouns
1.8 Indirect object pronouns
1.9 Relative pronouns: **qui** and **que**
1.10 Emphatic pronouns
1.11 **y**
1.12 **en**

SECTION 2 Adjectives

2.1 Position of adjectives
2.2 Agreement of adjectives
2.3 Possessive adjectives
2.4 Comparatives and superlatives
2.5 Demonstrative adjectives: **ce/cette/ces**

SECTION 3 Verbs

3.1 The infinitive
3.2 The present tense
3.3 The perfect tense
3.4 The imperfect tense
3.5 Mixing past tenses
3.6 The near future tense
3.7 The future tense

3.8 The conditional
3.9 The imperative
3.10 Negatives
3.11 Question forms
3.12 Reflexive verbs
3.13 Verbs with the infinitive

SECTION 4 Structural features

4.1 Prepositions
4.2 Question words
4.3 Intensifiers
4.4 Connectives
4.5 **depuis**
4.6 **il faut**
4.7 Expressions with **avoir**
4.8 Time expressions

SECTION 5 Extras

5.1 The alphabet
5.2 Accents
5.3 Numbers
5.4 Days
5.5 Dates
5.6 Times

VERB TABLES

Regular verbs (**-er**, **-ir** and **-re**)
Reflexive verbs
Key irregular verbs (**aller**, **avoir**, **être** and **faire**)
Other irregular verbs

Glossary of grammatical terms

adjective	a describing word (*rouge, petite, intéressants*) The words for 'my', 'your', etc., are **possessive adjectives**.
adverb	a word used to describe an action (*vite, souvent*)
article	the word 'a', 'some' or 'the' before a noun (*un/une/des, le/la/les*)
connective	a word used to join phrases or sentences (*mais, parce que*)
gender	tells you whether a noun is masculine or feminine (*un crayon* is masculine, *une gomme* is feminine)
imperative	the verb form you use when you are telling someone to do something (*copie et complète, levez-vous*)
infinitive	the original, unchanged form of the verb, which you find in the dictionary (*parler* to speak, *avoir* to have)
intensifier	a word or phrase placed before an adjective to make it stronger or weaker (*très, un peu*)

irregular verb	a verb which does not follow the set rules of the main verb types but has its own pattern (*faire, être*)
noun	a word which names a thing or a person (*stylo, mère*)
plural	referring to more than one person or item (*les chats, nous, trois pommes*)
preposition	a word used to show where someone or something is (*sur, à, de*)
pronoun	a word which stands in place of a noun (*elle, tu*)
reflexive verb	a verb which includes a pronoun before the verb (*se coucher*)
regular verb	a verb which follows the rules/pattern of the main verb types (*-er* verbs, *-ir* verbs, *-re* verbs)
singular	referring to only one person or item (*un oiseau, tu*)
tense	relating to verbs, showing when the action takes place (the present tense, the perfect tense)
verb	a word used to say what is being done or what is happening (*acheter, être*)

SECTION 1 Nouns and pronouns

1.1 Gender
A noun is a word which names a thing or a person.
In French, all nouns are masculine or feminine.

Masculine	Feminine
un sandwich	une pizza

For most nouns, you have to learn the gender when you learn the new word. In the dictionary, you will see (m) or (f) after the noun.

As in English, some job nouns change to show the gender of the person doing them.
Il est serv**eur**.   *He is a **waiter**.*
Elle est serv**euse**.   *She is a **waitress**.*

Some jobs don't change:
Il est professeur.   *He is a teacher.*
Elle est professeur.   *She is a teacher.*

1.2 Singular/plural
Most nouns form their plural by adding **-s**.
la montagne – singular → les montagne**s** – plural.

Words ending in **-eau** add **-x**   un château → des château**x**
Words ending in **-al** change to end in **-aux**   un animal → des anim**aux**

1.3 The definite article
The definite article is *the*.

Masculine	Feminine	Plural
le sandwich	**la** pizza	**les** pizzas

le and **la** become **l'** before a vowel or *h*, e.g. **l'**omelette

You use the definite article before nouns when talking about likes and dislikes.
J'aime **les** carottes.   *I like carrots.*

1.4 The indefinite article

The indefinite article is *a* (or *some* in the plural).

Masculine	Feminine	Plural
un village	**une** ville	**des** villages

When you are talking about jobs people do, you do not use the indefinite article.
Elle est infirmière.   *She is **a** nurse.*

1.5 The partitive article

The partitive article is used when talking about a quantity of something, and means *some*.

Use:

du before masculine nouns   **du** coca   *some Coke*
de la before feminine nouns   **de la** limonade   *some lemonade*
des before plural nouns   **des** chips   *some crisps*
de l' before nouns which begin with a vowel or *h*   **de l'**orangina   *some orangina*

Copy this student's description of what he eats each day. Underline the ten words for *some*. Tick those which are correct, and correct any which are wrong.

Au petit déjeuner, je mange du pain grillé et des confiture, et je bois du thé ou de la jus d'orange. À midi, je mange des sandwichs et je bois du coca. Le soir, on mange de la poisson ou de la viande avec du légumes, souvent des pommes de terre.

1.6 Subject pronouns

A pronoun stands in place of a noun in a sentence.

je   *I*
tu   *you* (child, young person, someone you know well)
il   *he, it* (masculine noun)
elle   *she, it* (feminine noun)
on   *we, one*
nous   *we*
vous   *you* (more than one person, someone you don't know well, a stranger)
ils   *they* (males/mixed group/masculine nouns)
elles   *they* (females/feminine nouns)

1.7 Direct object pronouns

The direct object of a sentence is the person or thing to whom the action is 'done'.
Je préfère **la veste rouge**.   *I prefer **the red jacket**.*

You can replace the object of a sentence with a direct object pronoun.

me	*me*
te	*you*
le	*him/it*
la	*her/it*

nous	*us*
vous	*you*
les	*them*

The direct object pronoun goes in front of the verb. Note: although **le**, **la** and **les** look like the definite article, they have a different meaning here.
Je **la** préfère. *I prefer **it**.*

Before a vowel or silent *h*, **me, te, le** and **la** shorten:
Je **t'**aime. *I love **you**.*

In a negative sentence, the direct object pronoun goes between **ne** and the verb.
Je ne **les** aime pas. *I don't like **them**.*

Unjumble each sentence, then translate it into English.
Why can some of these sentences be translated in more than one way?
1 je regarde la
2 me préfères tu
3 nous adore il
4 l'nous adorons
5 elles cherchent me
6 aime les Marie
7 te je ne pas regarde
8 pas l'Marie aime ne
9 m'ne pas aime Marc
10 pas ai les ne je

Rewrite each sentence, replacing the word(s) in bold with a direct object pronoun.
1 J'aime **Sandra**.
2 Je déteste **Thomas**.
3 Je préfère **les bananes**.
4 Tu fais **la crêpe**?
5 Il cherche **le stylo**.
6 Tu as **mon cahier**?
7 Nous aimons **les frites**.
8 Je ne supporte pas **les documentaires**.
9 Je n'aime pas **Martin**.
10 Je n'ai pas fait **mes devoirs**.

1.8 Indirect object pronouns
If you can put *to* in front of a pronoun in a sentence, it is an indirect object pronoun.
*He gave me the book. He gave the book **to me**.* – so *me* in this sentence is an indirect object pronoun.

me	*to me*	nous	*to us*
te	*to you*	vous	*to you*
lui	*to him/her/it*	leur	*to them*

As with direct object pronouns, an indirect object pronoun comes before the verb.
Je **lui** donne un bonbon. *I give a sweet to **him/her/it**.*

Translate each question into English, giving more than one meaning of the pronoun when appropriate.
1 Est-ce que tu lui donnes un bonbon?
2 Est-ce que tu me donnes 10 euros?
3 Est-ce que tu leur parles tous les jours?
4 Est-ce que tu lui parles souvent?
5 Est-ce que tes parents te donnent de l'argent?

1.9 Relative pronouns: *qui* and *que*
qui means 'who' or 'which', and is used if it is the **subject** of the verb which follows it.
J'ai un frère **qui** s'appelle Marc. *I have a brother **who** is called Marc.*

que means 'who(m)' or 'which', and is used if it is the **object** of the verb which follows it.

Le garçon **que** je préfère s'appelle Ben.   *The boy (**whom**) I prefer is called Ben.*

In English, you can sometimes miss out the word 'who'/'whom'/'which', but in French you must always include it.

Choose *qui* or *que* to complete each sentence.

1 J'ai une sœur _____ s'appelle Lise.
2 Le film _____ je préfère est *Hallowe'en*.
3 Le jean _____ j'ai acheté est très joli.
4 Ma maison a un jardin _____ est énorme.
5 Il y a trois matières _____ j'aime.
6 Le pays _____ j'ai visité était très beau.
7 J'aime le garçon _____ est dans notre classe.
8 Où est le CD _____ était sur la table?
9 Où est le CD _____ j'ai laissé sur la table?
10 Comment s'appelle le garçon _____ t'aime?

1.10 Emphatic pronouns

Emphatic pronouns are used when you want to draw particular attention to the subject pronoun.

Moi, j'aime l'histoire.   *I like history.*
Lui, il est vraiment sympa.   *He's really nice.*

je	*moi*	nous	*nous*
tu	*toi*	vous	*vous*
il	*lui*	ils	*eux*
elle	*elle*	elles	*elles*

With the pronoun **on**, you can use **nous** for emphasis.
Nous, **on** adore Manchester City.   *We love Manchester City.*

Complete each sentence with the correct emphatic pronoun.
Then translate the sentence into English.

1 _____ , je préfère le français.
2 _____ , il ne travaille pas en classe.
3 _____ , ils vont à Londres.
4 _____ , tu es adorable.
5 _____ , on ne fait rien.
6 _____ , nous irons danser.

1.11 *y*

The pronoun y means 'there', referring to a place which has already been mentioned. It goes in front of the verb.

J'**y** vais demain.   *I'm going **there** tomorrow.*
On y est allé hier.   *We went **there** yesterday.*

Put these sentences into the right order, then translate each one into English.

1 demain elle va y
2 y copains j' mes vais avec
3 à heures y on huit sera
4 hier est y allée Marianne
5 suis à heures onze j' arrivé y
6 retournera y on

1.12 *en*

The pronoun **en** means 'of it' or 'of them', referring to something which has already been mentioned. It goes in front of the verb.

Tu manges du chocolat? J'**en** mange beaucoup.   *Do you eat chocolate? I eat a lot (**of it**).*

In English, you can often omit 'of it/them', but **en** cannot be missed out in French.

Answer each question using **en** in your answer.
 1 Tu manges des frites? *Say you eat a lot (of them).*
 2 Tu lis des magazines de sport? *Say you read two.*
 3 Tu gardes tes anciens cahiers? *Say you keep lots.*
 4 Tu as un animal? *Say you have three.*
 5 Tu voudrais des raisins? *Say you would like a kilo.*

SECTION 2 Adjectives

2.1 Position of adjectives

Most adjectives come **after** the noun they are describing.
une veste **rouge** *a **red** jacket*

Some short common adjectives come before the noun.

petit	grand	nouveau	bon	joli	gros

un **grand** livre **rouge** *a big red book*

2.2 Agreement of adjectives

Adjectives change according to whether the noun being described is masculine or feminine, singular or plural. This is called agreement.

For feminine, **add -e**   une veste vert**e**
For masculine plural, **add -s**   des tee-shirts noir**s**
For feminine plural, **add -es**   des chaussures bleu**es**

Some adjectives are **irregular**: they follow their own pattern. Other adjectives with the same ending work in the same way.

Singular		Plural		
Masculine	Feminine	Masculine	Feminine	
blan**c**	blan**che**	blan**cs**	blan**ches**	*white*
itali**en**	itali**enne**	itali**ens**	itali**ennes**	*Italian*
mign**on**	mign**onne**	mign**ons**	mign**onnes**	*sweet, cute*
nul	**nulle**	**nuls**	**nulles**	*awful, rubbishy*
ennuy**eux**	ennuy**euse**	ennuy**eux**	ennuy**euses**	*boring*
nouv**eau**	nouv**elle**	nouv**eaux**	nouv**elles**	*new*
gros	**grosse**	**gros**	**grosses**	*fat*

Some adjectives are **invariable**: they never change.
marron, cool, super   une veste cool/des baskets cool

Write these in French.
 1 a blue car   **4** a super jacket   **7** a new green bike   **10** a good white wine
 2 a fat cat   **5** a white house   **8** some peaceful little towns
 3 two new books   **6** a big red apple   **9** a pretty Italian girl

Grammaire

2.3 Possessive adjectives

The words for 'my', 'your', etc., change according to whether the noun owned or possessed is masculine, feminine or plural:

	Masculine nouns	Feminine nouns	Plural nouns
my	**mon** professeur	**ma** classe	**mes** copains
your (tu)	**ton** professeur	**ta** classe	**tes** copains
his or her	**son** professeur	**sa** classe	**ses** copains
our	**notre** professeur/classe		**nos** copains
your (vous)	**votre** professeur/classe		**vos** copains
their	**leur** professeur/classe		**leurs** copains

For singular nouns beginning with a vowel or *h*, you use **mon**, **ton** or **son**.
Mon amie s'appelle Sophie.   *My friend is called Sophie.*

Complete each sentence with the possessive adjective which goes with the subject of the sentence.

1 Ils adorent _____ professeur.
2 Nous n'avons pas fait _____ devoirs.
3 Avez-vous _____ livres?
4 Marie et Hélène ont oublié _____ sacs.
5 Nous avons fini _____ travail.
6 Je voudrais _____ appareil photo.
7 Il mange _____ sandwichs.
8 Elle mange _____ sandwichs.
9 Tu as _____ anorak?
10 Les professeurs aiment _____ élèves.

There is no 's in French. You show possession by using the pronoun **de**.
les CD **de** Pete   *Pete's CDs*

2.4 Comparatives and superlatives

Adjectives can be used to compare nouns (Scotland is *smaller than* England.)

To compare two nouns, use:
plus ... que   *more ... than*
moins ... que   *less ... than*

Les films sont **plus** intéressants **que** les émissions de sport.
*Films are **more** interesting **than** sports programmes.*

Cette jupe est **moins** chère **que** la jupe bleue.
*This skirt is **less** expensive **than** (cheaper than) the blue skirt.*

Write a sentence comparing the two nouns using the adjective given.

1 le français/les maths (difficile)
2 l'Afrique/l'Asie (intéressant)
3 ma maison/le Palais de Buckingham (grand)
4 le ping-pong/le cyclisme (amusant)
5 Prince William/Prince Harry (beau)

The superlative is used when comparing two or more nouns. It means 'the biggest', 'the most interesting', etc.

It comes before or after the noun depending on where the adjective would come.
C'est **le plus grand** pays d'Europe.   *It's the biggest country in Europe.*
C'est **la** matière **la plus intéressante**.   *It's the most interesting subject.*

bon is irregular:

Bill est **bon**, Marc est **meilleur**, Mike est **le meilleur**.

Can you answer these questions?

1 Quelle est la montagne la plus haute d'Europe: Ben Nevis ou le Mont Blanc?
2 Quel est le plus long fleuve du monde: le Gange ou le Nil?
3 Quel est le plus grand musée du monde: le Louvre ou le musée d'Écosse?
4 Qui sont les chanteurs les plus populaires en ce moment en Grande-Bretagne?
5 Qui est la personne la plus cool de ta classe?

2.5 Demonstrative adjectives

There are different words for 'this'/'these':

ce before masculine nouns	**ce** village	*this village*
cette before feminine nouns	**cette** ville	*this town*
ces before plural nouns	**ces** montagnes	*these mountains*

Before masculine singular nouns beginning with a vowel or *h*, use **cet**.

cet appartement   *this flat*

SECTION 3 Verbs

3.1 The infinitive

When you look up a verb in the dictionary, you find its original, unchanged form, which is called the **infinitive**, e.g. **habiter** (*to live*), **avoir** (*to have*), etc.
Most infinitives end in **-er, -ir** or **-re**.

3.2 The present tense

The present tense is used:

- to describe what is happening **now**   *I **am reading** this book.*
- to describe what **usually** happens   *I **read** a book every day.*

There is only one present tense in French:

je mange   *I eat or I am eating*

To use a verb in the present tense, you must change the infinitive according to a set of rules. You need to learn these rules by heart.

There are three types of **regular verbs**: **-er** verbs, **-ir** verbs and **-re** verbs.
-er verbs are the most common type.

trouver (*to find*)	finir (*to finish*)	attendre (*to wait*)
je trouve	**je** finis	**j'**attends
tu trouves	**tu** finis	**tu** attends
il/elle/on trouve	**il/elle/on** finit	**il/elle/on** attend
nous trouvons	**nous** finissons	**nous** attendons
vous trouvez	**vous** finissez	**vous** attendez
ils/elles trouvent	**ils/elles** finissent	**ils/elles** attendent

Write the correct form of these verbs.

1 ils (finir)	**4** je (téléphoner)	**7** on (chercher)	**10** tu (oublier)
2 nous (trouver)	**5** elle (rougir)	**8** vous (rougir)	
3 tu (attendre)	**6** il (vendre)	**9** nous (entendre)	

Some verbs follow their own pattern. They are called **irregular verbs**.

You need to learn these by heart. Look at the verb tables on pp. 146–149. You will spot similarities between some verbs that will help you remember them.

Translate these into French.

1 you (**tu**) read	**4** we are going	**7** you (**vous**) want	**10** Tom and Jerry are
2 she has	**5** they do/make	**8** he take	
3 I can	**6** we are coming	**9** Linda is drinking	

3.3 The perfect tense

The perfect tense (**le passé composé**) is used to talk about the past.

j'ai joué   *I played* or *I have played*

The perfect tense has two parts:
1 part of the verb **avoir** (or **être**)
2 the past participle

To form the past participle of **regular verbs**:

for **-er** verbs, take off **-er** and add **-é**	regarder	j'ai regard**é**	*I watched*
for **-ir** verbs, take off **-ir** and add **-i**	finir	j'ai fin**i**	*I finished*
for **-re** verbs, take off **-re** and add **-u**	attendre	j'ai attend**u**	*I waited*

To form the past participle of **irregular verbs**:
These need to be learned by heart.

Infinitive	Meaning	Past participle	Infinitive	Meaning	Past participle
faire	*to do*	fait	savoir	*to know*	su
avoir	*to have*	eu	voir	*to see*	vu
boire	*to drink*	bu	prendre	*to take*	pris
lire	*to read*	lu	écrire	*to write*	écrit

com**prendre** (*to understand*) and ap**prendre** (*to learn*) follow the same pattern as **prendre** (com**pris**, ap**pris**).

Write each verb in the perfect tense.

1 je (manger)	**6** ils (comprendre)
2 nous (finir)	**7** elle (lire)
3 tu (attendre)	**8** elles (écrire)
4 vous (faire)	**9** on (avoir)
5 il (boire)	**10** l'inspecteur (voir)

The perfect tense with *être*

13 verbs – mainly verbs of movement – form their perfect tense with **être**, not **avoir**.

je suis allé	*I have gone, I went*
il est resté	*he has stayed, he stayed*

There are five pairs of opposites, and three others:

Infinitive		Past participle
aller	*to go*	allé(e)
venir	*to come*	venu(e)
arriver	*to arrive*	arrivé(e)
partir	*to leave*	parti(e)
entrer	*to enter*	entré(e)
sortir	*to go out*	sorti(e)
monter	*to go up*	monté(e)
descendre	*to come down*	descendu(e)
naître	*to be born*	né(e)
mourir	*to die*	mort(e)
rester	*to stay*	resté(e)
tomber	*to fall*	tombé(e)
retourner	*to return*	retourné(e)

Other verbs similar to these also take **être** (**rentrer**, **remonter**, **revenir**).
All reflexive verbs also take **être**.

With these verbs, the past participle agrees with the subject of the sentence.

add **-e** for feminine	elle est allé**e**	*she went*
add **-s/-es** for plural	ils sont allé**s**/elles sont allé**es**	*they went*

Write these in French.

1 I fell	**4** they went	**7** Bill and Ben left	**10** you (**tu**) arrived
2 you (**vous**) went	**5** I went up	**8** we went out	
3 I stayed	**6** he returned	**9** she died	

Copy out this paragraph, correcting the ten verb mistakes.

Hier, j'ai allé en ville avec ma sœur. D'abord, on visité le supermarché où j'ai acheter du pain pour ma mère. Puis, ma sœur est allé au magasin de vêtements. Elle choisi un joli pantalon. Après, nous avons visitons le café où j'ai boire un coca et ma sœur a manger un sandwich. On a prendu le bus et nous avons rentrées à la maison.
Émilie

3.4 The imperfect tense

The imperfect tense (**l'imparfait**) is used to describe the past.
It is used to describe what **used to** happen.

Il **jouait** au rugby, mais maintenant il joue au foot.
*He **used to play** rugby, but now he plays football.*

It is also used to describe what **was** happening over a period of time.

Il **jouait** au rugby quand l'accident s'est passé.

*He **was playing** rugby when the accident happened.*

It is formed with the imperfect stem + the appropriate endings. To get the imperfect stem, take the **nous** form of the present tense and remove the **-ons** ending.

~~nous~~ por~~tons~~ → je port**ais** = *I used to wear*

être has an irregular stem: **ét-**

j'**ét**ais   *I used to be, I was*

je port**ais**
tu port**ais**
il/elle/on port**ait**
nous port**ions**
vous port**iez**
ils/elles port**aient**

Match the start of each sentence with the most suitable ending.

1 je jouais …		**a**	mes devoirs
2 je travaillais …		**b**	les cheveux blonds
3 je finissais …		**c**	ma copine
4 j'attendais …		**d**	très fatigué
5 je faisais …		**e**	au tennis
6 j'avais …		**f**	le journal
7 j'allais …		**g**	dans le bureau
8 j'étais …		**h**	être pilote
9 je lisais …		**i**	du vélo
10 je voulais …		**j**	à Londres

Write each verb in the imperfect tense, then give two possible English translations for each.

1 je (travailler)   **6** ils (avoir)
2 tu (fumer)   **7** Alex (faire)
3 elle (rester)   **8** Suzanne et Nicole (aller)
4 nous (finir)   **9** les chats (être)
5 vous (attendre)   **10** je (lire)

Change the verbs in brackets to describe what was happening when the robber arrived. Then describe the scene in English.

Tout (être) tranquille. Il y (avoir) de la neige dans le jardin et il (faire) très froid. Monsieur Mahon (travailler) dans son bureau. Les enfants (être) dans leur chambre où ils (lire). Grand-mère (tricoter) dans le salon et Grand-père (faire) des mots-croisés. Marie (prendre) un bain et elle (écouter) la radio en même temps.

Silencieusement, le cambrioleur est entré dans la cuisine …

3.5 Mixing past tenses

When you are writing about the past, you often need to use a mixture of perfect and imperfect tense verbs.

The perfect tense	used for describing single actions	things that happened once
The imperfect tense	used for describing the state of things	how things were over a period of time

Put the verbs in this paragraph into the correct tense – perfect or imperfect.

Hier soir, il y (avoir) un très bon film à la télé. Je (regarder) le film avec ma famille et puis on (manger) ensemble. Comme ma mère (être) très fatiguée, je (faire) une pizza pour la famille. Je (faire) la vaisselle quand le téléphone (sonner). Je (répondre) vite au téléphone parce que mes parents (dormir) dans le salon. Je (bavarder) avec ma petite copine pendant quarante minutes.

3.6 The near future tense

The easiest way to talk about the future is by using the near future tense (**le futur proche**).

It is formed using **aller** + the infinitive to say what you are **going** to do.
Ce soir je **vais regarder** la télé.   *Tonight **I am going to watch** TV.*
Demain il **va faire** chaud.   *Tomorrow **it's going to be** hot.*

Complete each sentence so that it makes sense. Then translate the sentences into English.
1 Demain, je _____ avoir 14 ans.
2 Mercredi, _____ allons être très contents.
3 La semaine prochaine, Laure va _____ un nouveau vélo.
4 Ce soir, on _____ finir nos devoirs.
5 Demain, _____ vas jouer au basket?
6 Plus tard, vous allez _____ de la moto.
7 L'année prochaine, _____ vont venir avec nous.
8 Jeudi prochain, il _____ vendre sa voiture.
9 Lundi, mes parents _____ prendre le train à Londres.
10 Ce week-end, elle va _____ au cinéma.

3.7 The future tense

You can also talk about the future using the future tense (**le futur**)
Un jour, **je serai** riche.   *In the future **I will be** rich.*

It is formed using the future stem + the appropriate endings:

Verb	Future stem
-er verbs	the infinitive (e.g. **donner**)
aller	**ir-**
avoir	**aur-**
être	**ser-**
faire	**fer-**

je donner**ai**
tu donner**as**
il/elle/on donner**a**
nous donner**ons**
vous donner**ez**
ils/elles donner**ont**

Write each verb in the future tense.
1 je (donner)
2 tu (trouver)
3 elle (regarder)
4 nous (jouer)
5 vous (faire)
6 ils (avoir)
7 on (aller)
8 la date (être)
9 ma mère (faire)
10 Kelly et Tom (aller)

What strange things will you do in the future? Write each verb in French, then complete the sentence.

1 I will work …	**4** I will have …	**7** I will like …	**10** I will hate …
2 I will live …	**5** I will do …	**8** I will play …	
3 I will be …	**6** I will go …	**9** I will visit …	

When you are talking about **when** something **will happen** in the future, you use **quand** with the **future** tense.

Quand on **ira** à Paris, on ira au cinéma. *When we **go** to Paris, we will go to the cinema.*

Complete each sentence with the future tense form of an appropriate verb.
1 Quand j'_____ dix-huit ans, j'irai à l'université.
2 Quand tu _____ au parc, tu joueras au tennis?
3 Quand il _____ en vacances, Paul ira à la plage.
4 Mon prof de sport sera très content quand je _____ pour Arsenal.
5 On ira au bord de la mer quand il _____ beau.

3.8 The conditional

The conditional (**le conditionnel**) is used to say 'would'.

je **jouerais** au foot   *I **would play** tennis*
il **serait** content   *he **would be** happy*

To form the conditional, take the future tense stem of the verb (e.g. **jouer-** or **ser-**) and add the imperfect tense endings (**-ais** with **je**, **-ait** with **il**, etc.).

What would happen tomorrow if it were raining? Put the verb in brackets into the conditional.

1 Je (téléphoner) à mon ami.	**6** Nous (être) tristes.
2 Tu (regarder) un DVD.	**7** On (avoir) du temps libre.
3 Ils (jouer) à Cluedo.	**8** Il (faire) ses devoirs.
4 Je (finir) mon livre.	**9** Elle (aller) au cinéma.
5 Tu (attendre) le soleil.	**10** Elles (prendre) le train en ville.

Modal verbs are often used in the conditional.

je devrais	*I ought to, I should*	je voudrais	*I would like to*
je pourrais	*I could*		

Complete each sentence with the correct verb.

1 (I would like) travailler en Europe.	**4** (Would you like to) habiter en France?
2 (I could) participer plus en classe.	**5** (You ought to) apprendre tes verbes!
3 (I should) parler français à mon partenaire.	

3.9 The imperative

You use the **imperative** to tell somebody to do or not do something.

With people you address as **tu**, the imperative is the present tense **tu** form minus the word **tu**. **-er** verbs drop the **s** at the end of the verb.

Bois plus d'eau.   *Drink more water.*

With people you address as **vous**, the imperative is the present tense **vous** form minus the word **vous.**

Ne **fumez** pas.   *Don't smoke.*

You are rather bossy! What would you say in French?

To one friend:	To two friends:	To someone you don't know very well:
1 Start!	**6** Start!	**9** Listen!
2 Listen!	**7** Work with me!	**10** Stay here!
3 Work with me!	**8** Copy the grid!	
4 Copy the grid!		
5 Stay here!		

3.10 Negatives

To make a sentence negative, that is to say what you don't do or what isn't happening, put **ne ... pas** around the verb.

Je **ne** vais **pas** à Paris.   *I am **not** going to Paris.*

ne shortens to **n'** before a vowel or *h*

Elle **n'**aime **pas** le prof.   *She doesn't like the teacher.*

Other negatives work in the same way, forming a sandwich around the verb.

ne ... jamais	*never*
ne ... rien	*nothing, not anything*
ne ... que	*only*
ne ... plus	*no longer, not any more*
Je **ne** fume **plus**.	*I **no longer** smoke/I **don't** smoke **any more**.*
Je **ne** mange **rien**.	*I eat **nothing**/I **don't** eat **anything**.*

Write these sentences in French.

1 I no longer watch *EastEnders*. **5** I'm not reading anything. **9** I only watch *Coronation Street*.
2 I'm not doing anything. **6** I only like art.
3 I don't smoke. **7** I don't like maths any more. **10** I'm not playing football.
4 I never play tennis. **8** I never eat sweets.

In the perfect tense, the negative forms a sandwich around the auxiliary verb (i.e the part of **avoir** or **être**).

Je **n'**ai **pas** vu le film. *I didn't see the film.*

If there are two verbs together in a sentence, the **ne ... pas** forms a sandwich round the first verb.

Je **ne** veux **pas** aller à Paris.   *I don't want to go to Paris.*
Il **ne** va **pas** visiter le musée.   *He isn't going to visit the museum.*

Make these sentences negative by putting **ne ... pas** in the right place.

1 Il va à Paris. **5** Je suis allé au cinéma. **9** Je dois payer 100 cents.
2 J'aime l'histoire. **6** Je peux sortir ce soir. **10** J'ai voté pour le président.
3 Je serai riche. **7** Il a vu ce film.
4 Il était content. **8** Elle préfère voyager en avion.

3.11 Question forms

Questions without question words

The easiest way to ask questions is to use the sentence form using rising intonation, i.e. you make your voice go up at the end.

C'est vrai?   *Is it true?*

Est-ce que can also be used to turn a sentence into a question.
Est-ce que tu viens?   *Are you coming?*

The third way of asking questions involves **inversion**, i.e. the order of the subject and the verb is changed around.
Est-elle absente?   *Is she absent?*

An extra pronoun is added if a noun is used.
La maison, est-**elle** grande?   *Is the house big?*

An extra **t** is added in between two vowels to help with pronunciation.
Thierry Henry, joue-t-il pour Liverpool?   *Does Thierry Henry play for Liverpool?*

Questions using question words

If the question contains a question word, the question word is usually at the start of the sentence and is followed by **est-ce que**.
Où est-ce que tu vas?   *Where are you going?*

Sometimes inversion is used.
Comment **voyages-tu**?   *How are you travelling?*

Asking questions in the perfect tense

The rules above also apply to questions in the perfect tense.

Tu as fini?   *Have you finished?*
Est-ce qu'il a vu le film?   *Has he seen the film?*

When inversion is used, the subject pronoun and the auxiliary verb (the part of **avoir** or **être**) are inverted.

As-tu fini?   *Have you finished?*
Pourquoi **a-t-elle** manqué le match?   *Why did she miss the match?*

Quel/quelle

quel/quelle means 'which' or 'what'. It is used when 'what' refers to a noun, not a verb and agrees with the noun it refers to.

Quelle est la date?   *What is the date?*

	Masculine	Feminine
Singular	**quel** livre?	**quelle** page?
Plural	**quels** livres?	**quelles** pages?

3.12 Reflexive verbs

Reflexive verbs are verbs which include an extra pronoun (before the verb). The infinitive of a reflexive verb has the pronoun **se.** The reflexive pronouns **me**, **te** and **se** shorten to **m'**, **t'** and **s'** in front of a vowel or silent *h*.

se coucher (*to go to bed*)

je **me** couche	nous **nous** couchons
tu **te** couches	vous **vous** couchez
il/elle/on **se** couche	ils/elles **se** couchent

Examples of reflexive verbs: **s'amuser** (*to enjoy yourself*), **se brosser les dents** (*to brush your teeth*), **se coucher** (*to go to bed*), **se doucher** (*to have a shower*), **s'habiller** (*to get dressed*), **se laver** (*to get washed*), **se lever** (*to get up*), **se réveiller** (*to wake up*)

Je **me lève** à sept heures.	*I get up at 7 o'clock.*
Tu **te couches** à quelle heure?	*What time do you go to bed?*

Complete each verb with the correct reflexive pronoun.

1 je _____ lave
2 Marianne _____ lève
3 elles _____ couchent
4 nous _____ brossons les dents
5 on _____ amuse

In the perfect tense, reflexive verbs use **être**. As with all **être** verbs, the past participle agrees with the subject.

Elle **s'est** levée.	*She got up.*
Nous **nous sommes** amusés.	*We enjoyed ourselves.*

Rewrite this paragraph in the perfect tense.

Je me réveille à six heures. À sept heures, je me lève. Je me lave dans la salle de bains et après, je m'habille. Ma sœur se lève après moi, puis elle se douche et elle s'habille. Nous nous brossons les dents ensemble. Le soir, je me couche à dix heures, mais ma sœur et mes parents se couchent plus tard.

3.13 Verbs with the infinitive

If there are two different verbs in a row in a sentence (apart from verbs in the perfect tense), the second verb is an infinitive.

J'adore **apprendre** le français.	*I love learning French.*
Elle déteste **ranger** sa chambre.	*She hates tidying her bedroom.*

Modal verbs

Modal verbs are followed by the infinitive.

devoir	*to have to*	Il doit rester à la maison.	*He must stay at home.*
pouvoir	*to be able to*	Tu peux aller au cinéma?	*Can you go to the cinema?*
vouloir	*to want to*	Je veux être riche.	*I want to be rich.*

Find and correct the error in each sentence.

1 Je dois reste à la maison.
2 Nous devez arriver à huit heures.
3 Elle peut regarde la télé avec nous.
4 Ils veulent visitent le musée.
5 Tu doit faire tes devoirs.
6 Elles vouloir venir avec nous.
7 On doit aide le prof.
8 Vous peuvez avoir mon stylo.
9 Mon chat veut joue avec le chien.
10 Mes copains puevent travailler avec moi.

Verbs which take *à* or *de*

Some French verbs need to have **à**, **de** or **d'** before the infinitive.

J'ai décidé **de** rester à la maison.　　　　*I decided to stay at home.*

Elle commence **à être** plus raisonnable.　　*She is beginning to be more reasonable.*

Examples of verbs taking **à**, **de** or **d'**: **décider de** (*to decide to*), **demander de** (*to ask to*), **essayer de** (*to try to*), **commencer à** (*to begin to*), **réussir à** (*to manage to*)

> Complete each sentence in French.
> **1** J'ai décidé de … (*speak to my teacher*)
> **2** Finalement, elle a réussi à … (*understand the question*)
> **3** Hier, on a commencé à … (*do our homework*)
> **4** J'ai demandé de … (*go to the toilet*)
> **5** Les profs essaient de … (*help the pupils*)

SECTION 4 Structural features

Structural features are words or sets of words which occur in sentences and texts.

4.1 Prepositions

Prepositions are words which tell us **where** someone or something is.

avec	*with*	sous	*under*
dans	*in*	à	*at, to* or *in* (+ town – **à** Paris)
devant	*in front of*	en*	*to* or *in* (+ feminine country – **en** France)
derrière	*behind*	de	*of*
sur	*on*		

* but **au** + masculine country (**au** pays de Galles)
　and **aux** + plural country (**aux** États-Unis)

de

Some prepositions are followed by **de**:

à côté **de**	*next to*
près **de**	*near*
en face **de**	*opposite*

de + **le** becomes **du**, and **de** + **les** becomes **des**.

à côté **du** cinéma	*next to the cinema*
près **des** toilettes	*near the toilets*

After expressions of quantity, you use just **de**.

un kilo **de** pommes	*a kilo of apples*
beaucoup **de** devoirs	*lots of homework*

à (to, that)

à + **le** becomes **au**, and **à** + **les** becomes **aux**.

Je vais **au** cinéma, mais il va **aux** magasins.

I'm going to the cinema, but he's going to the shops.

4.2 Question words

où?	*where?*	combien de?	*how many?*
qui?	*who?*	à quelle heure?	*at what time?*
quand?	*when?*	comment?	*how?*
qu'est-ce que?	*what?*	quel(le) (+ noun)?	*what?*
pourquoi?	*why?*		

4.3 Intensifiers

Intensifiers are words placed before adjectives to make them stronger or weaker.

très	*very*	Le français est **très** intéressant.
assez	*quite*	*French is **very** interesting.*
un peu	*a little bit*	C'est **trop** cher. *It's **too** dear/expensive.*
trop	*too*	
vraiment	*really*	

4.4 Connectives

Connectives are used to join up phrases and sentences.

et	*and*	car	*because*	si	*if*
mais	*but*	puis	*then*	ou	*or*
parce que	*because*	quand	*when*	donc	*therefore*

> Join each pair of sentences using a different connective.
> 1 Je suis sportif. Je serai professeur de sports.
> 2 Le français est important. On peut se faire de nouveaux amis.
> 3 Il fait très froid. On va à la plage.
> 4 On peut aller au cinéma. On peut regarder des DVD.
> 5 Descends la rue principale. Tourne à droite.

Here are some other connectives to use to make your French more flowing and cohesive:

aussi	*also*	finalement	*finally*
après	*afterwards*	heureusement	*fortunately*
autrement dit	*in other words*	malheureusement	*unfortunately*
avant	*beforehand*	néanmoins	*nevertheless*
bien sûr	*of course*	normalement	*normally, usually*
c'est-à-dire	*that is to say*	par conséquent	*as a consequence*
comme d'habitude	*as usual*	peut-être	*perhaps*
d'habitude	*usually*	pourtant	*however*
de l'autre côté	*on the other hand*	quelquefois	*sometimes*
de temps en temps	*from time to time*	régulièrement	*regularly*
en ce moment	*at the moment*	tous les jours	*every day*
en effet	*in fact, actually*	tout d'abord	*first of all*
en plus	*moreover*	tout de suite	*immediately*
ensuite	*then*		

> Make this piece of writing more interesting and effective by adding ten connectives of your choice.
>
> *Le collège est important. On apprend beaucoup de choses. Certains cours sont un peu ennuyeux. Les profs sont gentils. Je ne voudrais pas être professeur. C'est un métier difficile.*

4.5 *depuis*

To say how long something has been happening, you use **depuis** (*since*) with the present tense.

J'**habite** ici **depuis** cinq ans.   *I **have lived** here **for** five years.*

Elle **est** absente **depuis** trois mois.   *She **has been** absent **for** three months.*

4.6 *il faut*

il faut (*it is necessary, you must*) is followed by the infinitive.

Il faut **écouter** le professeur.   *You must listen to the teacher.*

4.7 Expressions with *avoir*

Some expressions with the verb 'to be' in English use **avoir** in French.

J'ai froid.   *I am cold.*

avoir 14 ans	*to be 14 years old*	**avoir froid**	*to be cold*
avoir faim	*to be hungry*	**avoir chaud**	*to be hot*
avoir soif	*to be thirsty*	**avoir peur**	*to be afraid*

> Complete each French phrase and translate it into English.
>
> **1** J'_____ treize ans.   **3** Il _____ soif.   **5** Elles _____ froid.
>
> **2** Tu _____ faim?   **4** Nous _____ chaud.   **6** Vous _____ peur.

avoir besoin de (*to need*) can be followed by a noun or a verb in the infinitive.

J'ai besoin **d'un stylo**.   *I need a pen.*

As-tu besoin **d'acheter** du lait?   *Do you need to buy some milk?*

4.8 Time expressions

Certain time expressions are usually used with certain tenses.

Past	Present	Future
l'année dernière *last year* samedi dernier *last Saturday* hier *yesterday*	normalement *normally* généralement *generally* d'habitude *usually* de temps en temps *from time to time* parfois *sometimes*	l'été prochain *next summer* l'année prochaine *next year* demain *tomorrow*

> Decide whether each sentence makes sense. Correct those that don't.
>
> **1** L'année prochaine, on est allé en Amérique.
>
> **2** Hier, je ferai mes devoirs.
>
> **3** D'habitude, je ne fais pas mes devoirs.
>
> **4** Demain, j'ai joué au tennis.
>
> **5** L'année dernière, on visite Paris.

Rewrite this paragraph, using the time expressions to help you put the verbs into the correct tense.

Hier soir, je (aller) au café avec mes amis. D'habitude, je (regarder) la télé le soir, ou je (faire) mes devoirs, mais hier soir je (décider) de sortir. On (boire) un coca au café et puis on (jouer) au babyfoot. J'(aimer) bien le babyfoot car c'(être) très amusant. Demain soir, je (rester) à la maison parce que j'(avoir) des devoirs de maths et de français.

When **il y a** is used before an expression of time, it means 'ago'.
il y a une semaine   *a week ago*

Answer each question with a sentence which includes a verb and **il y a**.
1 Quand est-ce que tu es arrivé? (*a week ago*)
2 Quand est-ce que tu as vu le film? (*two days ago*)
3 Quand est-ce que tu as commencé à apprendre le français? (*three years ago*)
4 Quand est-ce que tu as rencontré Paul? (*an hour ago*)
5 Quand est-ce que tu es allé à Paris? (*three months ago*)

SECTION 5 Extras

5.1 The alphabet
Here is a rough guide to how the letters of the alphabet sound in French:

A	AH	H	ASH	O	OH	V	VAY
B	BAY	I	EE	P	PAY	W	DOOBL-VAY
C	SAY	J	DJEE	Q	COO	X	EEX
D	DAY	K	KAH	R	ERR	Y	EE-GREK
E	EUH	L	EL	S	ESS	Z	ZED
F	EFF	M	EM	T	TAY		
G	DJAY	N	EN	U	OO		

5.2 Accents
It is very important to remember accents when you are writing in French. Accents are written above vowels.
é   An **acute accent** (un **accent aigu**) can occur only on the letter **e**.
è   A **grave accent** (un **accent grave**) can occur on the letters **a**, **e** or **u**.
ê   A **circumflex** (un **accent circonflexe**) can occur on the letters **a**, **e**, **i**, **o** or **u**.
ç   A **cedilla** (une **cédille**) can only occur on the letter **c**.

5.3 Numbers
100 cent   101 cent un   200 deux cents   300 trois cents   1000 mille   2000 deux mille
To remind yourself of other numbers, look at the numbers of the pages in this book.

5.4 Days
In French, days of the week and months do not begin with a capital letter.

lundi	*Monday*	jeudi	*Thursday*	dimanche	*Sunday*
mardi	*Tuesday*	vendredi	*Friday*		
mercredi	*Wednesday*	samedi	*Saturday*		

lundi	on Monday
le lundi/tous les lundis	every Monday, on Mondays
lundi matin/après-midi/soir	on Monday morning/afternoon/evening

5.5 Dates

janvier	January	mai	May	septembre	September
février	February	juin	June	octobre	October
mars	March	juillet	July	novembre	November
avril	April	août	August	décembre	December

le 12 février	on the 12th of February
On va en France le 3 août.	We are going to France on the 3rd of August.
le premier mai	the 1st of May

5.6 Times

sept heures	seven o'clock
sept heures dix	ten past seven
sept heures et quart	quarter past seven
sept heures et demie	half past seven
sept heures quarante-cinq	seven forty-five
huit heures moins le quart	quarter to eight
midi/minuit	12 midday/midnight

The 24-hour clock is used much more frequently in French than it is in English.

neuf heures vingt	9.20 a.m.
quinze heures quinze	3.15 p.m.
vingt heures quarante-cinq	8.45 p.m.

Quelle heure est-il?	What time is it?
Il est neuf heures.	It is nine o'clock.
à dix heures	at ten o'clock

Verb tables

Regular verbs

infinitive	present tense		perfect tense	future	imperfect
-er verbs jouer (to play)	je joue tu joues il/elle/on joue	nous jouons vous jouez ils/elles jouent	j'ai joué	je jouerai	je jouais
-ir verbs finir (to finish)	je finis tu finis il/elle/on finit	nous finissons vous finissez ils/elles finissent	j'ai fini	je finirai	je finissais
-re verbs attendre (to wait for)	j'attends tu attends il/elle/on attend	nous attendons vous attendez ils/elles attendent	j'ai attendu	j'attendrai	j'attendais
Reflexive verbs **se coucher** (to go to bed)	je me couche tu te couches il/elle/on se couche	nous nous couchons vous vous couchez ils/elles se couchent	je me suis couché(e)	je me coucherai	je me couchais

Key irregular verbs

infinitive	present tense		perfect tense	future	imperfect
aller (*to go*)	je vais tu vas il/elle/on va	nous allons vous allez ils/elles vont	je suis allé(e)	j'irai	j'allais
avoir (*to have*)	j'ai tu as il/elle/on a	nous avons vous avez ils/elles ont	j'ai eu	j'aurai	j'avais
être (*to be*)	je suis tu es il/elle/on est	nous sommes vous êtes ils/elles sont	j'ai été	je serai	j'étais
faire (*to do/make*)	je fais tu fais il/elle/on fait	nous faisons vous faites ils/elles font	j'ai fait	je ferai	je faisais

Other irregular verbs

infinitive	present tense		perfect tense	future	imperfect
acheter (*to buy*)	j'achète tu achètes il/elle/on achète	nous achetons vous achetez ils/elles achètent	j'ai acheté	j'achèterai	j'achetais
s'appeler (*to be called*)	je m'appelle tu t'appelles il/elle/on s'appelle	nous nous appelons vous vous appelez ils/elles s'appellent	je me suis appelé(e)	je m'appellerai	je m'appelais
apprendre (*to learn*) – see **prendre**					
boire (*to drink*)	je bois tu bois il/elle/on boit	nous buvons vous buvez ils/elles boivent	j'ai bu	je boirai	je buvais
comprendre (*to understand*) – see **prendre**					
conduire (*to drive*)	je conduis tu conduis il/elle/on conduit	nous conduisons vous conduisez ils/elles conduisent	j'ai conduit	je conduirai	je conduisais
connaître (*to know*)	je connais tu connais il/elle/on connaît	nous connaissons vous connaissez ils/elles connaissent	j'ai connu	je connaîtrai	je connaissais
courir (*to run*)	je cours tu cours il/elle/on court	nous courons vous courez ils/elles courent	j'ai couru	je courrai	je courais
croire (*to believe*)	je crois tu crois il/elle/on croit	nous croyons vous croyez ils/elles croient	j'ai cru	je croirai	je croyais
décrire (*to describe*) – see **écrire**					

infinitive	present tense		perfect tense	future	imperfect
devenir (*to become*) – see **venir**					
devoir (*to have to/ … must*)	je dois tu dois il/elle/on doit	nous devons vous devez ils/elles doivent	j'ai dû	je devrai	je devais
dire (*to say*)	je dis tu dis il/elle/on dit	nous disons vous dites ils/elles disent	j'ai dit	je dirai	je disais
dormir (*to sleep*)	je dors tu dors il/elle/on dort	nous dormons vous dormez ils/elles dorment	j'ai dormi	je dormirai	je dormais
écrire (*to write*)	j'écris tu écris il/elle/on écrit	nous écrivons vous écrivez ils/elles écrivent	j'ai écrit	j'écrirai	j'écrivais
envoyer (*to send*)	j'envoie tu envoies il/elle/on envoie	nous envoyons vous envoyez ils/elles envoient	j'ai envoyé	j'enverrai	j'envoyais
essayer (*to try*)	j'essaie tu essaies il/elle/on essaie	nous essayons vous essayez ils/elles essaient	j'ai essayé	j'essaierai	j'essayais
se lever (*to get up*)	je me lève tu te lèves il/elle/on se lève	nous nous levons vous vous levez ils/elles se lèvent	je me suis levé(e)	je me lèverai	je me levais
lire (*to read*)	je lis tu lis il/elle/on lit	nous lisons vous lisez ils/elles lisent	j'ai lu	je lirai	je lisais
manger (*to eat*)	je mange tu manges il/elle/on mange	nous mangeons vous mangez ils/elles mangent	j'ai mangé	je mangerai	je mangeais
mettre (*to put*)	je mets tu mets il/elle/on met	nous mettons vous mettez ils/elles mettent	j'ai mis	je mettrai	je mettais
ouvrir (*to open*)	j'ouvre tu ouvres il/elle/on ouvre	nous ouvrons vous ouvrez ils/elles ouvrent	j'ai ouvert	j'ouvrirai	j'ouvrais
partir (*to leave*)	je pars tu pars il/elle/on part	nous partons vous partez ils/elles partent	je suis parti(e)	je partirai	je partais
pouvoir (*to be able to/ … can*)	je peux tu peux il/elle/on peut	nous pouvons vous pouvez ils/elles peuvent	j'ai pu	je pourrai	je pouvais

infinitive	present tense		perfect tense	future	imperfect
préférer (*to prefer*)	je préfère tu préfères il/elle/on préfère	nous préférons vous préférez ils/elles préfèrent	j'ai préféré	je préférerai	je préférais
prendre (*to take*)	je prends tu prends il/elle/on prend	nous prenons vous prenez ils/elles prennent	j'ai pris	je prendrai	je prenais
recevoir (*to receive*)	je reçois tu reçois il/elle/on reçoit	nous recevons vous recevez ils/elles reçoivent	j'ai reçu	je recevrai	je recevais
rire (*to laugh*)	je ris tu ris il/elle/on rit	nous rions vous riez ils/elles rient	j'ai ri	je rirai	je riais
savoir (*to know*)	je sais tu sais il/elle/on sait	nous savons vous savez ils/elles savent	j'ai su	je saurai	je savais
sentir (*to feel*)	je sens tu sens il/elle/on sent	nous sentons vous sentez ils/elles sentent	j'ai senti	je sentirai	je sentais
servir (*to serve*)	je sers tu sers il/elle/on sert	nous servons vous servez ils/elles servent	j'ai servi	je servirai	je servais
sortir (*to go out*)	je sors tu sors il/elle/on sort	nous sortons vous sortez ils/elles sortent	je suis sorti(e)	je sortirai	je sortais
venir (*to come*)	je viens tu viens il/elle/on vient	nous venons vous venez ils/elles viennent	je suis venu(e)	je viendrai	je venais
voir (*to see*)	je vois tu vois il/elle/on voit	nous voyons vous voyez ils/elles voient	j'ai vu	je verrai	je voyais
vouloir (*to want to*)	je veux tu veux il/elle/on veut	nous voulons vous voulez ils/elles veulent	j'ai voulu	je voudrai	je voulais

Vocabulaire *français – anglais*

A

abolir	to abolish/to ban
d' abord	first of all
absent(e)	away/absent
d' accord	OK
être d' accord sur	to agree about
accroché(e) à	attached to/ hanging from
accuser	to accuse
acheter	to buy
un acteur	an actor
actif(-ive)	active
les activités sportives (f pl)	sporting activities
une actrice	an actress
actuel(le)	current
admirer	to admire
l' aéroport (m)	airport
nos affaires (f pl)	our things/ possessions
affectueux(-euse)	affectionate
affreux(-euse)	awful/terrible
en Afrique	in Africa
l' agenda (m)	diary
De quoi s' agit-il?	What is it about?
Ah bon?	Really?/Is that so?
l' aide (f)	1) help 2) aid
aider	to help
aimer	to like
j' aimerais …	I'd like to …
une alimentation trop riche	over-rich food
je suis allé(e)…	I went …
allemand(e)	German
aller	to go
alors	so/then/in that case
l' ambassade (f)	embassy
une ambiance	an atmosphere
l' âme (f)	soul
améliorer	to improve
l' Amérique du Sud (f)	South America
se faire des amis	to make friends
amusant(e)	funny/amusing
Amusez-vous!	Enjoy yourself/ yourselves!
un an	a year
ancien(ne)	(very) old
les animaux sauvages (m pl)	wild animals
l' année (f)	year
son anniversaire	his/her birthday
annoncer	to announce
annulé(e)	cancelled
tous les ans	every year
août	August
les appareils (m pl)	machines/devices
qui appartient à	that belongs to
appeler	to call
une appellation	an expression/a term
je m'appelle …	I'm called …
apporter	to bring
apprécier	to enjoy/to appreciate
apprendre	to learn
un apprentissage	an apprenticeship

approximatif(-ive)	approximate
après	after (that)
l' après-midi (m)	afternoon
après tout	after all
d' argent	silver/made of silver
l' argent (m)	money
l' argent de poche (m)	pocket money
une armée	an army
les armes (f pl)	weapons
l' armoire (f)	wardrobe
être arrêté(e)	to be arrested
arrêter	to stop
Arrêtez-vous …!	Stop …!
à l' arrière de	in the back
un(e) artiste	an artist
les arts martiaux (m pl)	martial arts
l' ascenseur (m)	lift
l' Asie (f)	Asia
l' aspirateur (m)	vacuum cleaner
assassiner	to murder/to assassinate
s' asseoir	to sit down
assez de	enough
être assis(e) sur	to be sitting (down) on
assorti(e)	matching
l' assurance (f)	insurance
l' atelier (m)	studio
l' athlétisme (m)	athletics
attendre	to wait
j'ai attendu	I waited
attirer	to attract
attraper froid	to catch cold
aujourd'hui	today
d' aujourd'hui	today's
j' aurai	I'll have
aussi	as well/also
un auteur (m and f)	an author
autorisé(e)	allowed/permitted
autrefois	in the past/once (upon a time)
autrement dit	in other words
j' avais	I had/I used to have
en avance sur	ahead of
avant	before
à l' avant de	in the front of
avant tout	above all
avec	with
l' avenir (m)	the future
en avion	by plane
à mon avis	in my opinion
un(e) avocat(e)	a lawyer

B

le baby-foot	table football
prendre un bain	to have a bath
un baladeur	personal stereo/ Walkman®
les balais en bois (m pl)	wooden broomsticks
le balcon	balcony
un ballon	a football
banal(e)	commonplace
une banane	a banana
faire de la banane tractée	to go banana riding

les bancs (m pl)	benches/seats
les bandes dessinées (f pl)	comic books
bannir	to ban/to outlaw
la banque	bank
une base commune	a shared attitude
jouer au basket	to play basketball
les baskets (m pl)	trainers
le bateau	boat
battre un record	to beat a record
se battre	to fight (each other)
être battu(e)	to be beaten/hit
les BD (bandes dessinées) (f pl)	comic books
beau (m)	good-looking/ handsome
Il fait beau.	The weather's fine.
mon beau-père	my stepfather/my father-in-law
beaucoup	a lot
les beaux-arts (m pl)	fine art
les beignets (m pl)	doughnuts
belge	Belgian
un Belge	a Belgian man
la Belgique	Belgium
belle (f)	beautiful
ma belle-mère	my stepmother/ my mother-in-law
faire du bénévolat	to do voluntary work
bénévole	charitable
avoir besoin de	to need
beur	relating to young North Africans born in France
C'était bien.	It was good.
Eh bien …	Well …
bien aimer qch	to like sthg
bien sûr	of course
bientôt	soon
À bientôt.	See you soon.
un billet (de cinéma)	a (cinema) ticket
Bises (f pl)	Love and kisses
bizarre	strange/odd
C'est bizarre!	That's weird!
blanc(he)	white
les Blancs	white people
blessé(e)	hurt/injured
bleu(e)	blue
blond(e)	blond
boire	to drink
en bois	wooden/made of wood
les boissons (f pl)	drinks
aller en boîte	to go to a nightclub
la boîte de réception	inbox
une bombe à retardement	a time bomb
bon(ne)	good
C'est bon pour (la santé).	It's good for (your health).
les bonbons (m pl)	sweets
le bonheur	happiness
au bord de la mer	by the seaside
au bord du terrain	on the sidelines
des bottes (f pl)	boots
la bouche	mouth
bouddhiste	Buddhist

à l'autre bout du monde	on the other side of the world
les boutiques (f pl)	shops
un bowling	a bowling alley
branché(e)	switched-on/connected
le bras	arm
le brassage	inter-mixing
le Brésil	Brazil
britannique	British
les Britanniques	British people
la broderie (de laine)	(woollen) embroidery
se faire bronzer	to sunbathe
se brosser les dents	to brush your teeth
le bruit	noise
brûler des calories	to burn off calories
brun(e)	brown
on a bu	we drank
les bureaux (m pl)	offices
le but	aim/goal
ils/elles buvaient	they were drinking

C

Ça va?	Is that OK?
jouer à cache-cache	to play hide-and-seek
les cadeaux (m pl)	presents
le café	coffee
un cahier	exercise book
le calendrier sportif	sporting calendar
calme	calm
les camarades de classe	classmates
le camping	campsite
le canoë-kayak	canoeing
le canyoning	canyoning
la capitale	capital city
car	because/as
carnavalesque	carnival-like
une carte d'étudiant	a student ID card
en tout cas	anyway/at any rate
la case	square/space
cassé(e)	broken
se casser (la jambe)	to break your leg
les cassettes vidéo (f pl)	video cassettes
à cause de	because of/due to
célèbre	famous
cent	hundred
cependant	however
C'est-à-dire	This means/That is to say
chacun(e)	each (one)
la chambre	bedroom
à dos de chameau	on camel-back
les champignons (m pl)	mushrooms
avoir de la chance	to be lucky
le chanteur	singer
une chanteuse de rock	a rock singer
chaque	each/every
le char à voile	sand-yachting
le château	castle
chaud(e)	hot
avoir chaud	to be hot
Il fait chaud.	It's hot.
chauffé(e)	heated
un chauffeur de camion	a truck driver

les chaussures (f pl)	shoes
des chaussures à semelles compensées	platform-soled shoes
sur le chemin de	on the way to
une chemise	a shirt
cher (chère)	expensive
chercher	to look for
les cheveux (m pl)	hair
chez les jeunes	amongst young people
chez moi	at my house/at home
un chien	a dog
les chips (m pl)	crisps
choisir	to choose
de notre choix	of our choice/of our choosing
un choix	a choice
la chorale	choir
les choses (f pl)	things
Chouette!	Great!
C'était chouette.	It was great.
le ciel	sky
les circonstances (f pl)	circumstances
une cité	a housing estate
les clients (m pl)	customers/clients
clos	enclosed
le coca	Coke
cocher	to tick
au cœur de	in the heart of/at the centre of
avoir mal au cœur.	to feel sick.
le cœur	heart
par cœur	by heart
un coin de rue	a street corner
un collant	a pair of tights
collecter	to collect
le collège	school
les collègues (m or f pl)	colleagues
un collier	a necklace
entrer en collision avec	to crash into
colocataires (m pl)	co-tenants
combattre	to fight
Combien de …?	How many …?
commandé(e) par	commanded by
les commandes (f pl)	orders
comme	1) like/such as 2) since, as
commencer (à)	to start (to)/to begin (to)
C'était comment?	What was it like?
Comment ça?	What do you mean?
les commerçants (m pl)	shopkeepers
le commerce	trade/business
le commerce équitable	fair trade
commun(e)	common
comprendre	to understand
y compris	including
un concours	a competition
avoir confiance en soi	to have confidence in oneself
Tu connais …?	Do you know …?
la connaissance	knowledge
se connecter sur Internet	to connect to the Internet

il/elle a connu (son premier succès)	he/she had (his/her first success)
être connu(e)	to be (well-)known
conquérir	to conquer
un conseil de discipline	a disciplinary committee
des conseils (m pl)	advice/tips
consenti(e)	agreed upon/consented to
les consoles (f pl)	consoles
établir un terrible constat	to reveal some frightening statistics
content(e)	happy
conter	to tell a story
contre	against
par contre	on the other hand
un contrôle de (maths)	a (maths) test
la convoitise	desire for (material goods)/greed
mon copain	1) my boyfriend 2) my friend
ma copine	1) my girlfriend 2) my friend
le Coran	the Koran
en Corse	in Corsica
d'un côté	on the one hand
la Côte d'Ivoire	the Ivory Coast
se coucher	to go to bed
les couleurs (f pl)	colours
prendre un coup de soleil	to get sunburnt
coupable	guilty
la Coupe du monde	the World Cup
se couper (le doigt)	to cut (your finger)
la cour	playground
courageux(-euse)	brave/courageous
couramment	fluently
les cours (m pl)	lessons
la course automobile	motor-racing
la course en fauteuil roulant	wheelchair racing
court(e)	short
coûter les yeux de la tête	to cost a fortune
couvert	overcast
créer	to create
les cris (m pl)	shouts/cries
Je crois que …	I think that …
la croix	the cross
faire du cross	to go cross-country running
la cuisine	kitchen
la cuisine française/tunisienne etc.	French/Tunisian etc. cooking

D

les dames (f pl)	ladies
dans	in/inside
un danseur	a dancer
une danseuse	a dancer
la date de naissance	date of birth
un dé	a dice
le Débarquement des Alliés	the Allied Landings
décédé(e)	dead
décider de	to decide to
Découvrez …!	Discover …!
décrire	to describe
défendu(e) par	defended by
les défenseurs (m pl)	defenders
en dehors de	outside
déjà	already

demain	tomorrow
qui ne demandent que …	which are only asking to …
mon demi-frère	my stepbrother
ma demi-sœur	my stepsister
(dix) heures et demie	half past (ten)
démodé(e)	old-fashioned
avoir la dent	to be hungry
les dents (f pl)	teeth
dépenser	to spend
depuis (2001)	since (2001)
depuis (deux ans/ trois mois etc.)	for (two years/ three months etc.)
dernier(-ère)	last
le déroulement de	the progress of
désastreux(-euse)	disastrous
Je suis désolé(e).	I'm sorry.
le dessert	dessert
le dessin	drawing
un dessin animé	a cartoon
dessiner	to draw
en dessous de	below
détester	to hate
les dettes (f pl)	debts
être à deux pas de	to be a stone's throw from
les deux	both (of them)
en deuxième	in second place
devant	in front of
devenir	to become
il/elle devient	he/she becomes
les devoirs (m pl)	homework
nous devons	we must
le diabète	diabetes
les diamants (m pl)	diamonds
dimanche	(on) Sunday
le dîner	evening meal
les disques compacts (m pl)	compact discs
être diplômé(e)	to have a degree
le directeur du lycée	headmaster
dirigé(e) par	run by
un discours	a speech
discuter	to talk/to discuss
vous disiez que …	you said that …
disponible	available
se disputer	to argue
sans distinction	without discrimination
divorcé(e)	divorced
le doigt	finger
je dois	I must
il/elle doit	he/she must
ils/elles doivent	they must
un(e) domestique	1) a cleaner 2) a servant
donc	so/therefore
On me donne …	I'm given …
donner	to give
dont	whose
dormir	to sleep
le dos	back
le dos crawlé	backstroke
le dossier	file
doubler	to overtake
la douche	shower
se doucher	to have a shower
le droit	law
le droit à	the right to
les droits humains (m pl)	human rights

drôlement	really/to a great extent
duc de Normandie	Duke of Normandy
dur(e)	hard
dynamique	dynamic/energetic
être dynamité(e)	to be blown up

E

l' eau (f)	water
l' eau de source (f)	spring water
l' eau du robinet (f)	tap water
éblouissant(e)	dazzling
échanger	to swap/to exchange
une écharpe	a scarf
une échelle	a ladder
l' école (f)	school
faire des économies	to save up
les économies (f pl)	savings
écossais(e)	Scottish
l' Écosse (f)	Scotland
écouter	to listen to
les écrans (m pl)	screens
écrire	to write
l' éducation religieuse (f)	religious education
l' effet (m)	effect
les effets spéciaux (m pl)	special effects
faire de gros efforts	to make a great effort
l' égalité (f)	equality
les élèves	pupils
éliminer	to eliminate
elle	she
elles	they
l' éloignement (m)	distance
émigrer	to emigrate
une émission	a programme
emmené(e) par la police	taken away by the police
l' emplacement (m)	location/site
son emploi	his/her job
les employé(e)s (m or f pl)	employees
être emprisoné(e)	to be imprisoned
ou encore	or else
pas encore	not yet
des encyclopédies (f pl)	encyclopaedias
l' endroit (m)	place
mon enfance (f)	my childhood
les enfants (m or f pl)	children
les vacances d' enfer	holiday from hell
être enfermé(e)s	to be shut in/ locked in
enfin	finally/at last
être engagé(e) comme soldat	to be conscripted into the army
ses ennemis (m pl)	his/her enemies
C'est ennuyeux.	It's boring.
enregistrer	to tape
être enrhumé(e)	to have a cold
un enrichissement	a process of enrichment
ensemble	together
ensuite	next/then
entendre	to hear
Entendu?	Agreed?/OK?
l' entente (f)	harmony/ understanding

entier(-ière)	whole/entire
un entraîneur personnel	a personal trainer
entre	between
on est entré(e)s dans	we went into
à l' entrée de	at the entrance to
une entreprise	a company
environ	about/roughly
envoyer	to send
à l' époque (f)	at the time
on épousera	we'll marry
en équipe	as (part of) a team
une équipe	a team
l' équipement scolaire (m)	school things
l' équitation (f)	horse-riding
l' escalade (f)	rock-climbing
les escaliers (m pl)	staircases
l' espérance de vie (f)	life expectancy
l' espoir	hope
essayer (de)	to try (to)
et	and
établir	to establish
j' étais	I was/I used to be
s' étaler	to be splashed across
les États-Unis (m pl)	the United States
il/elle a été	1) he/she has been 2) he/she was
l' été (m)	summer
une étoile montante	a rising star
l'hôtel cinq étoiles	five-star hotel
étranger(-ère)	foreign
à l' étranger	abroad
une étude de cas	a case study
les études (f pl)	studies
les étudiants (m pl)	students
étudier	to study
ils/elles ont eu	they had
eux	1) they 2) them
l' événement (m)	event
éviter	to avoid
l' examen (m)	exam
exclu(e) de	excluded from
exercer son métier	to carry out your profession
faire de l' exercice	to exercise/to take exercise
exister	to exist
l' expérience (f)	experience
une exposition	an exhibition
s' exprimer	to express yourself (freely)

F

face à	opposite
les facteurs (m pl)	factors
Ma faiblesse, c'est …	My weakness is …
avoir faim	to be hungry
la faim	hunger/starvation
faire	to do
se faire avec	to be done with
je fais	I do
nous faisons	we do
en fait	in fact
j'ai fait	I did/I made
fameux(-euse)	notorious
la fanfare	brass band
fascinant(e)	fascinating
fatigué(e)	tired

il faut	you must/you have to
un fauteuil roulant	a wheelchair
la fenêtre	window
on fera	we'll do/make
je ferai	I'll do/make
fermé(e)	closed
fermer	to close
la fête	party
la fête d'anniversaire	birthday party
la Fête de la musique	Festival of Music
le feuilleton	series
la fiche	form
avoir de la fièvre	to have a temperature
leur fille	their daughter
une fille	a girl
un film de guerre/ d'horreur	a war/horror film
C'est fini avec (Marc).	It's over between me and (Mark).
j'ai fini	I finished
finir	to finish
le flipper	pinball
flirter avec qn	to flirt with sb
flotter	to float
cette fois	this time
une fois par semaine	once a week
Ça fonctionne!	It works!
être fondé(e) (en)	to be founded (in)
fonder	to found
jouer au foot	to play football
une formation	a training period
être en forme	to be fit/healthy
la forme	fitness
fort(e)	loud
le foulard	religious headscarf
fournir	to provide
un foyer d'enfants	children's home
francophone	French-speaking
frapper à la porte	to knock at the door
mon frère	my brother
frisés	curly
les frites (f pl)	chips
froid(e)	cold
avoir froid	to be cold
Il fait froid.	It's cold.
le fromage	cheese
les fruits (m pl)	fruit
les fruits de mer (m pl)	seafood
fumer	to smoke
au fil de	progressively/ gradually
furieux(-euse)	furious/livid

G

gagner	to win
les galas	galas/official receptions
le gallois	Welsh
gallois(e)	Welsh
un garçon	a boy
garder qn en forme	to keep sb fit
les gardiens de sexe féminin	female prison warders
la gare	train station
la gastronomie	gourmet food

un gâteau	a cake
en général	generally/in general
les généralistes (m pl)	non-specialists
génétique	genetic
Génial!	Brilliant!/Fantastic!
C'est génial.	It's great./It's brilliant.
un genre de …	a type/sort of …
les gens	people
gentil(le)	nice/kind
un géologue (m and f)	a geologist
un geste	a gesture
le gin tonic	gin and tonic
les glaces (f pl)	ice-creams
les gobelins (m pl)	goblins
gonflé(e)	swollen
avoir mal à la gorge	to have a sore throat
la gorge	throat
la gourmandise	greed
avoir bon goût	to taste good
Goûtez …!	Taste …!
grâce à	thanks to
grand(e)	big
la Grande-Bretagne	Great Britain
le grand-père	grandfather
en gras	in bold
manger gras	to eat fatty foods
faire la grasse matinée	to sleep in
gratuit(e)	free
une grève de bagagistes	a baggage-handlers' strike
les grèves de la faim (f pl)	hunger strikes
le grignotage	snacking/grazing
les grillades (f pl)	barbecues
la grille	grid
avoir la grippe	to have flu
le groupe	band/pop group
une guêpe	a wasp
la guerre	war
un guide touristique	a tourist guide
la gym	the gym

H

s' habiller	to get dressed
les habitants	inhabitants
habiter	to live
d' habitude	usually/as a rule
haut(e)	high
(50 cm) de haut	(50 cm) high
À quelle heure?	What time?
l' heure du déjeuner (f)	lunch hour
heureusement	fortunately
heureux(-euse)	happy
hier	yesterday
hindou	Hindu
C'est l' histoire de …	It's the story of …
une histoire d'amour	a love story
historique	historical
l' hiver (m)	winter
l' hôpital (m)	hospital
Quelle horreur!	How terrible!
humanitaire	humanitarian

I

idéal(e)	ideal
une idée	an idea

il y a	there is/there are
il n'y a pas de	there isn't/there aren't
il y a deux semaines/ un mois etc.	two weeks/a month etc. ago
une île	an island
les images virtuelles (f pl)	virtual images
impressionnant(e)	impressive
impressioner	to impress
les inconvénients (m pl)	disadvantages
l' Inde (f)	India
une infirmière	a nurse
l' informatique (f)	computing/ computer science
s' informer	to find out about/to inform oneself
inoubliable	unforgettable
un inspecteur de police	a police inspector
inspirer	to inspire
interdit(e)	forbidden
s' intéresser	to be interested in
sur Internet	on the Internet
les intouchables	the untouchables
on ira	we'll go
issu(e) de	resulting from

J

jaloux(-se)	jealous
ne … jamais	never
la jambe	leg
le jambon	ham
le Japon	Japan
japonais(e)	Japanese
le jardin (d'eau)	(water) garden
le jardinage	gardening
jaune	yellow
un jeu	a game
un jeu (télévisé)	a game/quiz show
jeune	young
les jeunes (m pl)	young people
les Jeux paralympiques	the Paralympic Games
joli(e)	pretty
jouer	1) to play 2) to act
le joueur	player
le joueur de foot	footballer
il fait jour	it's daylight
par jour	per day
le journal	newspaper
le journal (télévisé)	TV news
la journée scolaire	the school day
les jours de collège (m pl)	on schooldays
juif (m) juive (f)	Jewish
juin	June
les jumeaux (m pl)	twins
les jumelles (f pl)	twins
une jupe	a skirt
le jus de fruit	fruit juice
jusqu'à	until

K

kinésithérapeute	physiotherapist

L

le lac	lake
en laine	woollen
laisser	to leave

le lait	milk
la langue	language
une langue étrangère	a foreign language
la langue maternelle	first language/ mother tongue
les langues (f pl)	languages
au large de	off the coast of
le lave-vaisselle	dishwasher
les lecteurs de CD (m pl)	CD players
la lecture	reading
les légumes (m pl)	vegetables
leur(s)	their
se lever	to get up
libérer	to free
la liberté	freedom
une librairie	a bookshop
libre	free
une licence de (marketing)	a degree in (marketing)
avoir lieu	to take place
un lieu de vie (clos)	an (enclosed) living space
les lieux (m pl)	places
de lin	(made of) linen
lire	to read
je lis	I read (present tense)
il/elle lit	he/she reads
le lit	bed
un grand lit	a double bed
à deux lits	with two single beds
le livre sacré	holy book
livrer	to deliver
les livres (m pl)	books
les livres sterling (f pl)	pounds sterling (£)
être logé(e)	to be accomm- odated/housed
le logement	accommodation/ place to live
la loi	the law
loin de	far from
long(ue) (70 m)	long
de long	(70 m) long
lors de	on the occasion of
j'ai lu	I read (past tense)
lui	1) he 2) (to) him/ her
la Lune	the Moon
les lunettes en 3D (f pl)	3D-glasses
lutter	to fight/to struggle
de luxe	luxury/luxurious
un luxe de détails	a wealth of detail
le lycée	school

M

ma	my
un magasin	a shop
le magazine télé	TV magazine
les Maghrébins	North Africans
la magie	magic
les magnétoscopes (m pl)	video recorders
mai	May
maigrir	to lose weight
un maillot de foot	a football shirt
la main	hand
maintenant	now
mais	but
une maison	a house
la maîtresse	schoolmistress

avoir mal à la tête/ aux dents	to have a headache/ toothache
pas mal de	quite a lot of
se faire mal (au bras)	to hurt (your arm)
malade	ill
les maladies de cœur (f pl)	heart disease
malgré le fait que	in spite of the fact that
Oh malheur!	Oh dear!
malheureusement	unfortunately
la Manche	the (English) Channel
manger	to eat
une manifestation	a protest
le manque de …	lack of …
Il/Elle nous manquera.	We will miss him/ her.
Ne manquez pas…!	Don't miss/Don't forget …!
Ça ne marche pas.	It's not working.
le marché	market
marginalisé(e)	marginalised/ treated as outsiders
le mari	husband
le Maroc	Morocco
marrant(e)	funny
marron	brown
le match de foot	football match
une matière	a subject
les matières grasses (f pl)	fat (content)
le matin	(in) the morning
mauvais(e)	bad
C'est mauvais (pour la santé).	It's bad (for your health).
me	(to) me
un(e) mécanicien(-ne)	a mechanic
les médailles (f pl)	medals
le médecin	doctor
les médicaments (m pl)	medicine/ medication
une méduse	a jellyfish
meilleur(e)	better
le/la meilleur(e)	(the) best
meilleures salutations	best regards
un mélange	a mixture
se mélanger	to mix
mêlant	combining/ juxtaposing
le/la même	the same
même	even
même si	even if
mener une double vie	to lead a double life
à la mer	by the sea
Merci.	Thank you.
mercredi	Wednesday
mes	my
messieurs dames	ladies and gentlemen
la météo	weather forecast
les métiers (m pl)	careers/ professions
mettre (une jupe)	to put on (a skirt)
n'avoir rien à se mettre sur le dos	to not have a thing to wear
un metteur en scène	a director (cinema)
ils/elles meurent	they die

midi	midday/noon
mignon(ne)	sweet/cute
mi-longs	shoulder-length
mince	slim
une mini-jupe	a mini-skirt
les missions d'urgence (f pl)	urgent/ emergency missions
moi	I
moins (de)	less
au moins	at least
en moins de temps qu'il ne faut (sept)	in less time than it takes
heures moins le quart	quarter to (seven)
un mois	a month
en ce moment	at the moment/ now
mon	my
le monde	world
dans le monde entier	worldwide/ throughout the world
mondial(e)	worldwide
un moniteur	an instructor
à la montagne	in the mountains
les morts de faim	deaths from starvation
un mot	a word
une moto	a motorbike
mourir	to die
les moyens (m pl)	the means
les murs (m pl)	walls
la musculation	body-building
le musée	museum
musulman(e)	Muslim

N

nager	to swim
un nageur	a swimmer
une nageuse	a swimmer
la natation	swimming
néanmoins	nevertheless
il/elle est né(e)	he/she was born
négocier	to negotiate
nettoyer	to clean
le nez	nose
noir(e)	black
les Noirs	black people
un nom	a name
le nombre de	the number of
nombreux(-euses)	many/numerous
nommer	to call/to name
notamment	especially, in particular
dans le nord	in the north
le nord-est	the north-east
nos	our
avoir de bonnes notes	to get good results
notre	our
être nourri(e)	to be fed
nourrir	to feed
nous	we
nouveau (m)/ nouvelle (f)	new
il fait nuit	it's night-time
nul	rubbish/really bad
les nymphéas (m pl)	water lilies

O

l' obésité (f)	obesity
l' objet (m)	possession/object
obtenir	to get

l' occasion (f)	opportunity
s' occuper	to look after
Mon œil!	Come off it!
offrir (un cadeau)	to give (a present)
mon oncle	my uncle
en or	(made of) gold
l' orchestre (m)	orchestra
un ordinateur	a computer
l' oreille (f)	ear
une organisation bénévole	a charitable organisation
peu original	unoriginal
oublier	to forget
à l' ouest de	to the west of
un ours en peluche	a teddy bear
ouvert(e)	open
j'ai ouvert	I opened
ouvrir	to open

P

Je paie (mes vêtements).	I pay for (my own clothes).
le pain	bread
une palette	a palette
une palissade	a fence
le panier	basket
un pantalon	a pair of trousers
le papier	paper
par contre	however/on the other hand
2 ou 3 fois par mois/semaine	2 or 3 times a month/week
les para-médicaux (m pl)	paramedics
un parc d'attractions	a theme park
le parc de loisirs	leisure/amusement park
parce que	because
la paresse	laziness
paresseux(-euse)	lazy
parfait(e)	perfect
le parking	car park
parler	to speak
parmi	amongst
parrainer	to sponsor
participer à	to take part in
faire partie de	to be part of
faire partie d'un club	to be in a club
la partie	game/match
une partie de	a part of
partir	to leave
partout	everywhere
pas du tout	not at all
pas mal de	quite a lot of
une passagère	a passenger
en passant par	through to
Je passe l'aspirateur.	I do the vacuum cleaning.
le passé	the past
passer (six mois/ les vacances)	to spend (six months/the holidays)
se passer comme il faut	to turn out as expected
les passe-temps (m pl)	hobbies
passionnant(e)	exciting
faire du patin	to go skating
pauvre	poor
Le/La pauvre!	Poor thing!
un pays	a country
le pays de Galles	Wales

les pays en voie de développement	developing countries
le paysage	countryside
une pêche	a peach
peindre	to paint
les peintres (impressionnistes) (m pl)	(Impressionist) painters
faire de la peinture	to paint/to do painting
une peinture	a painting
un lapin en peluche	a cuddly/soft rabbit
pendant	during
pendant que	whereas/while
pénible	difficult/back-breaking
Je pense que …	I think that …
perdre	to lose
les personnes âgées (f pl)	old people
la pétanque	French version of bowls
petit(e)	small
mon petit ami	my boyfriend
le petit déjeuner	breakfast
un petit job	a part-time job
ma petite amie	my girlfriend
un peu	a little
peu de temps après	shortly afterwards
on peut (voir/aller etc.)	you can (see/go etc.)
peut-être	perhaps
je peux	I can
un phénomène	a phenomenon
physique	physical
la physique	physics
à pied	by foot
le pied	foot
un pied bot	a club foot
être pilote de Formule 1	to be a Formula 1 driver
se faire piquer	to get stung
la piscine	swimming pool
pittoresque	picturesque
la plage	beach
se plaindre	to complain
Tu plaisantes!	You're joking!
s'il te plaît	please
la planche à voile	windsurfing
en plastique	(made of) plastic
à plein temps	full-time
plein(e) de	full of
pleurer	to cry
pleuvoir	to rain
la plongée (sous-marine)	(underwater) diving
plonger	to dive
la plupart de	the majority of
de plus	what's more
en plus	what's more
ne … plus	no longer/no more
plus de	more than
Plus d'électricité/ de gaz etc!	No electricity/ gas etc!
plusieurs	several
le point de vue	point of view/ opinion
poli(e)	polite
un polo	a polo shirt
une pomme	an apple

les pompiers (m pl)	firefighters
un pont	a bridge
je portais	I wore
le port du foulard	the wearing of the headscarf
la porte	door
porter	1) to wear 2) to carry
poser des questions sur	to ask questions about
posséder	to possess
un poste	a job/position
potable	drinkable
la poubelle	dustbin
le poulet	chicken
la poupée	doll
être pour qch	to be for/in favour of sth
pour que	so that/in order that
le pourcentage	percentage
Pourquoi?	Why?
pourtant	however
pousser un cri d'horreur	to let out a cry of horror
les pratiquants (m pl)	believers
pratiquer un sport	to do a sport
précédent(e)	previous
précieux(-euse)	precious/treasured
préféré(e)	favourite
un préjugé	a prejudice
le/la premier(-ère)	the first
prendre (le bus/ le train etc.)	to take (the bus/ the train etc.)
prendre (mon petit déjeuner)	to have (my breakfast)
prendre les armes	to take up weapons
le prénom	first name
se préparer	to get ready for
près de	near
presque	almost
une preuve	a proof
comme le prévoit la loi	as laid down by the law
plus tard que prévu	later than expected
principal(e)	main
le principe	rule/principle
J'ai pris (le train/ le bus etc.).	I took (the train/ the bus etc.).
la prise de poids	weight gain
privé(e)	private
un prix	a prize
des prix intéressants	favourable prices
prochain(e)	next
les produits (m pl)	goods/products
un professeur (m and f)	a teacher
les programmes nutritionnels (m pl)	nutrition programmes
les projets d'avenir (m pl)	future plans
une promenade	a walk
se prononcer	to be pronounced
mon propre (garage)	my own (garage)
les propriétés (f pl)	properties
prouver	to prove
la publicité	advertisement/ brochure
puis	then
puisque	since

Q

le	quai	platform
	quant à	as for/regarding
(sept) heures et quart		quarter past (seven)
un	quart d'heure	a quarter of an hour
un	quartier	an area of town
ne …	que	only
la	queue	queue
une	quincaillerie	a hardware shop
	quinze	fifteen
	quitter (la maison)	to leave (the house)
	quotidien(ne)	daily/day-to-day

R

le	racisme	racism
Tu as	raison.	You're right.
	raisonnable	sensible
	ramener	to bring back
les	randonnées (f pl)	hikes/long walks
	rapide	quick
la	raquette de tennis	tennis racket
	rarement	rarely/hardly ever
	ravi(e)	delighted
	réalisé(e)	carried out/done
	réaliser un rêve	to fulfil a dream
se	réaliser	to come true
	réaliste	realistic
	récemment	recently
des	recettes de cuisine (f pl)	recipes
	recevoir	to receive/to get
il/elle	reçoit	he/she receives
le	record mondial	world record
la	récréation	break
	recréer	to recreate
	réel(le)	real
un	réfectoire	a refectory
	regarder	to watch
	regarder par la fenêtre	to look out of the window
les	règles (f pl)	the rules
la	reine	the queen
une	religieuse	a nun
sans	religion	without a religion
	remarquer	to notice
	rembourser	to reimburse
	remis(e) à jour	updated
être	remplacé(e)	to be replaced
	remporter une médaille/un prix	to win a medal/a prize
	rencontrer	to meet
	réparer	to repair
un	représentant	a representative
il/elle a	repris le même rôle	he/she played the same role
le	réseau (mondial)	the (world-wide) web
faire une	réservation	to make a booking
être	responsable de	to be in charge of
les	restaurateurs (m pl)	restaurant owners
	rester (au lit)	to stay (in bed)
le	résultat	result
un	résumé	a summary
	résumer	to summarise
en	retard	late
	retourner	to return
	retrouver	to meet up with
se	retrouver	to meet up

	réussir à	to succeed in/to manage to
se	réveiller	to wake up
les	rêves (m pl)	dreams
	réviser (les voitures)	to service (cars)
	rien que	just
Ne	rigole pas!	Don't laugh!
une	robe	a dress
un	roman	a novel
les	romans d'amour (m pl)	love stories
les	romans fantastiques (m pl)	fantasy novels
les	romans historiques (m pl)	historical novels
	ronfler	to snore
	rouge	red
la	rue (principale)	(main) road/street
jouer au	rugby	to play rugby

S

	sa	his/her
	sain	healthy
une	salade	a salad
une	salade de fruits	a fruit salad
la	salle (de cinéma)	movie theatre
la	salle à manger	dining room
la	salle de bains	bathroom
une	salle de gym	a gym (in a hotel)
le	salon	living room
un	salon de coiffure	a hairdressing salon
	Salut!	Hi!
	samedi	Saturday
	sans	without
la	santé	health
en	satin	(made of) satin
	satisfaisant(e)	satisfying/rewarding
un	sauveteur	a lifeguard
	savoir	to know
	savoir (communiquer)	to be able to (communicate)
le	savoir	knowledge
la	scolarité	education
la	Seconde Guerre Mondiale	the Second World War
mon	séjour	my stay
	selon	according to
la	semaine	week
les	Sénégalais	the Senegalese
ce	sens	this direction
être	séparé(e)s	to be separated
il/elle	sera	he'll/she'll be
je	serai	I'll be
la	série	series
une	série	a soap opera
prendre qch au	sérieux	to take sth seriously
les	serpents (m pl)	snakes
les	serviettes (f pl)	towels
	ses	his/her
le	seuil de pauvreté	the poverty line
le/la	seul(e)	the only
	seulement	only
un	short	a pair of shorts
le	SIDA	AIDS
un	siècle	a century
faire un	signe de la main à qn	to wave at sb

	signé(e) par	signed by
les	signes religieux ostentatoires	overtly religious symbols
	sinon	otherwise/or else
les	sites Internet (m pl)	websites
	situé(e) à (six) heures de	situated (six) hours from
se	situer à	to be located in/at
faire du	skate	to go skateboarding
faire du	ski	to go skiing
faire du	ski nautique	to go water skiing
une	société	a company/firm
avoir	soif	to be thirsty
ma	sœur	my sister
les	soins (m pl)	medical treatment
le	soir	evening
une	soirée étudiante	a student party
un	soldat	a soldier
le	soleil	sun
	son	his/her
le	sondage	survey
	sonner	to ring
la	sorcellerie	witchcraft
les	sorciers (m pl)	wizards
Il	sort la poubelle.	He takes the bin out.
	sortir	to go out
	sortir avec qn	to go out with, to see sb
	sortir du bain	to get out of the bath
	soudain	all of a sudden
	souhaité(e)	desired
	souligné(e)	underlined
	sourire	to smile
des	sous-hommes (m pl)	subhumans
	soutenir	to uphold/support
	souvent	often
Ils sont	spécialisés dans …	They are specialists in …
	sportif(-ive)	sporty
un	sportif	a sportsman
une	sportive	a sportswoman
les	sports d'hiver (m pl)	winter sports
les	sports nautiques (m pl)	water sports
	stressant(e)	stressful
le	style libre	free style
un	succès	a success
	sucré(e)	sweet
les	sucreries (f pl)	sweet things
dans le	sud	in the south
il	suffira de …	you will only have to …
	Ça suffit, non?	That's enough, isn't it?
la	Suisse	Switzerland
le	surf sur neige	snow boarding
	super-marrant(e)	great fun
	supprimer	to put a stop to
	surgelé(e)	(deep-)frozen
le	surnom	nickname
	surnommé(e)	nicknamed
un problème de	surpoids sévère	a severe weight problem
	surtout	especially/above all
	surveillé(e)	supervised
un	suspect	a suspect
un	sweat	a sweatshirt

sympathique	friendly
le système scolaire	the education system
T	
ta	your
un tableau noir/blanc	a black/white board
les tableaux (m pl)	paintings
des tâches (f pl)	stains/marks
Je mets la table.	I set the table.
tandis que	whereas/while
la tante	aunt
la Tapisserie de Bayeux	the Bayeux Tapestry
tard	late
plus tard	later
te	(to) you
la télé	telly
télécharger	to download
télécommandé(e)	remote-controlled
téléphoner à qn	to telephone sb
la télé-satellite	satellite TV
les téléspectateurs (m pl)	television viewers
les témoignages (m pl)	evidence/testimony
le beau temps	nice weather
le mauvais temps	bad weather
de temps en temps	from time to time
Quel temps fait-il?	What's the weather like?
tenace	determined
la teneur en minéraux	mineral content
jouer au tennis	to play tennis
tenter notre chance	to try our luck
à long terme	long-term
être terminé(e)	to be over/finished
le terrain de (volleyball)	(volleyball) court
la terrasse	terrace
tes	your
avoir mal à la tête	to have a headache
en tête de	at the head/front of
faire la tête	to sulk
la tête	head
têtu(e)	stubborn
timide	shy
le titre	title
un tigre	a tiger
le tiroir	drawer
les toasts (m pl)	slices of toast
toi	you
une toile de lin	a linen cloth
je suis tombé(e)	I fell
tomber sur	to land on
ton	your
tôt	early
touché(e) par	affected by
toujours	still
faire le tour du monde	to go round the world
la Tour de Londres	the Tower of London
touristique	touristy
tourner un film	to make a film
tous les deux	both (of them)
tout	everything
C'est tout.	That's all.
tout à fait	completely
tout le monde	everybody
traîner	to trail around
les mauvais traitements	ill treatment
tranquille	1) calm 2) quiet
mon travail	my work
le travail scolaire	school work
travailler	to work
travailleur(-euse)	working
à travers	through/across
les trésors (m pl)	treasures/riches
triste	sad
être en troisième	to be in Year 9
trop	too
Je trouve ça délicieux.	I think it's delicious.
trouver	to find
se trouver	to be situated
tuer	to kill
le Tunnel sous la Manche	the Channel Tunnel
U	
l' uniforme scolaire (m)	school uniform
l' Union européenne (f)	the European Union
utile	useful
utiliser	to use
V	
on va	we're going/we go
les vacances (f pl)	holidays
les vacanciers (m pl)	holidaymakers
je vais	I'm going/I go
les valises (f pl)	suitcases
la vedette (du film)	the star (of the film)
faire du vélo	to go cycling
mon vélo	my bike
un vendeur	a sales assistant
une vendeuse	a sales assistant
vendre	to sell
venir de	to come from
le vent	wind
avoir mal au ventre	to have stomach ache
le ventre	stomach
véritable	real
dire la vérité	to tell the truth
On verra bien.	We'll see./The future will tell.
vous verrez	you'll see
vers (midi)	at around (midday)
une veste	a jacket
les vêtements (m pl)	clothes
les vêtements de skate (m pl)	skateboarding clothes
ils/elles veulent	they want
je veux (regarder/aller etc.)	I want (to watch/go etc.)
Je veux bien.	I'd really like that.
la viande	meat
la victoire	victory/win
Je vide la poubelle.	I empty the bin.
la vie	life
vieille (f)	old
On viendra te chercher.	We'll come and pick you up.
vieux (m)	old
vilain(e)	naughty
le village de vacances	holiday village
en ville	in town
la ville universitaire	university town
Visitez …!	Visit …!
vite	quick(ly)
vivre	1) to live 2) to experience
voici venue l'heure	the time has come
la voile	sailing
voir	to see
la voiture	car
une voiture télécommandée	a remote-controlled car
voler	to steal
les volontaires (m pl)	volunteers
les vols (m pl)	thefts
ils/elles vont	they go
vos	your
votre	your
je voudrais	I would like
vous	you
voyager	to travel
vrai(e)	real
C'est pas vrai!	You're kidding!
vraiment	really
faire du VTT	to go mountain biking
j'ai vu	I saw
une vue sur la mer	a sea view
Y	
y compris	including
un yaourt	yoghurt
les yeux (m pl)	eyes
Z	
la Zambie	Zambia
Zut alors!	What a pain!

Vocabulaire

English	Français
actor/actress	un acteur/une actrice
The main advantage is that …	L'avantage principal est que …
afterwards	après
at the age of (20)	à (20) ans
Do you agree?	Tu es d'accord?
I agree	Je suis d'accord.
aeroplane	l'avion (m)
airport	l'aéroport (m)
all the time	tout le temps
approximately	à peu près/environ
at the moment	en ce moment
When we arrive …	Quand on arrivera …
I/We arrived	je suis arrivé(e)/on est arrivé(e)s
artist	un(e) artiste
I/We ate	j'ai mangé/on a mangé
to do athletics	faire de l'athlétisme
Avoid (stress).	Évitez/Évite (le stress).

B

I've got backache.	J'ai mal au dos.
It's bad (for your health).	C'est mauvais (pour la santé).
to have a bath	prendre un bain
I used to be	j'étais
I will be	je serai
beautiful	beau (m)/belle (f)
because	parce que
to begin	commencer
blond hair	les cheveux blonds
to book	réserver
boring	ennuyeux(-euse)
I/We bought	j'ai acheté/on a acheté
I have breakfast.	Je prends mon petit déjeuner.
brown hair	les cheveux bruns
Buddhist	bouddhiste
business	le commerce
Buy more vegetables.	Achetez/Achète plus de légumes.

C

cartoon	un dessin animé
Catholic	catholique
the Channel Tunnel	le Tunnel sous la Manche
to be in charge of children's programmes	être responsable d'émissions pour enfants
I/We chose	j'ai choisi/on a choisi
I clean my teeth.	Je me brosse les dents.
to be in a club	faire partie d'un club
to go to a club	aller dans un club
I'm cold.	J'ai froid.
I've got a cold.	Je suis enrhumé(e).
It will be cold.	Il fera froid.
Come to (Yorkshire)!	Venez dans le (Yorkshire)!
comic books	les BD (bandes dessinées)
company	une entreprise
I have confidence in myself.	J'ai confiance en moi.
I will continue my studies.	Je continuerai mes études.
countryside	le paysage
to crash into	entrer en collision avec
to do cross-country running	faire du cross
I cut (my finger).	Je me suis coupé (le doigt).
cute	mignon(ne)

D

English	Français
dancer	un danseur/une danseuse
to decide to	décider de
degree (in)	une licence (de)
delicious	délicieux(-euse)
I deliver newspapers.	Je livre des journaux.
demonstration	une manifestation
detective film	un film policier
I disagree.	Je ne suis pas d'accord.
Discover (the countryside)!	Découvrez (le paysage)!
I used to do	je faisais
I will do (voluntary work/a degree).	Je ferai (du bénévolat/une licence).
we'll do/make	on fera
double bed	un grand lit
I/We drank	j'ai bu/on a bu
If my dreams come true …	Si mes rêves se réalisent …
Drink a lot of water.	Buvez/Bois beaucoup d'eau.

E

English	Français
I've got earache.	J'ai mal à l'oreille.
we'll eat	on mangera
Eat less …	Mangez/Mange moins de …
employee	un employé/une employée
to end	finir
Enjoy yourself!	Amusez-vous!
enough	assez de
especially	surtout
every evening	tous les soirs
everywhere	partout
Do (some) exercise.	Faites/Fais de l'exercice.
exciting	passionnant(e)
expensive	cher (chère)
experience	l'expérience

F

English	Français
famous	célèbre
fascinating	fascinant(e)
I fell.	Je suis tombé(e).
to fight (for peace)	lutter (pour la paix)
at first	d'abord
I've got flu.	J'ai la grippe.
for example	par exemple
Don't forget to visit (Mont-Saint-Michel)!	Ne manquez pas de visiter (le Mont-Saint-Michel)!
friendly	sympathique
from (5th) to (7th) July	du (5) au (7) juillet
from time to time	de temps en temps
funny	marrant(e)

G

English	Français
TV game show	un jeu télévisé
I get dressed.	Je m'habille.
I get up.	Je me lève.
we'll go …	on ira
I will go round the world.	Je ferai le tour du monde.
I go to bed.	Je me couche.
to go out with	sortir avec
good	bon(ne)
It's good (for your health).	C'est bon (pour la santé).
gourmet food	la gastronomie

H

English	Français
on the other hand	d'un autre côté
I used to have	j'avais
I will have (four children).	J'aurai (quatre enfants).
I've got a headache.	J'ai mal à la tête.
religious headscarf	le foulard
health	la santé
I help at home.	J'aide à la maison.
historical	historique
horror film	un film d'horreur
I'm hot.	J'ai chaud.
It will be hot.	Il fera chaud.
I'm hungry.	J'ai faim.
I hurt (my arm).	Je me suis fait mal (au bras).

I

English	Français
I'm ill.	Je suis malade.
It's not important.	Ce n'est pas important.
including	y compris
inhabitants	les habitants (m pl)
interesting	intéressant(e)

J

English	Français
Jewish	juif (m) juive (f)

K

English	Français
You're kidding!	C'est pas vrai!
kind	gentil(le)

L

English	Français
languages	les langues (f pl)
last Saturday/weekend	samedi dernier/ le week-end dernier
law	la loi
lawyer	un(e) avocat(e)
I will learn	j'apprendrai
I leave the house.	Je quitte la maison.
When I leave school …	Quand je quitterai le collège …
lesson	le cours
to liberate	libérer

like Tintin/ Astérix etc.	comme Tintin/ Astérix etc.
we'll listen to	on écoutera
long hair	les cheveux longs
to look for	chercher
I used to love …	j'adorais …
love story	une histoire d'amour
luggage	les bagages (m pl)

M

I used to make	je faisais
to manage to	réussir à
medium-length hair	les cheveux mi-longs
I will meet	je rencontrerai
a million	un million
motor-racing	la course automobile
moving	émouvant(e)
Muslim	musulman(e)
you must	il faut

N

naughty	vilain(e)
never	ne … jamais
next Saturday/ weekend	samedi/le week-end prochain
one/two nights	une/deux nuit(s)
not bad	pas mal
now	maintenant

O

often	souvent
on Saturdays	le samedi
once a week	une fois par semaine
In my opinion …	À mon avis …
to overtake	doubler

P

peace	la paix
one/two people	une/deux personne(s)
perhaps	peut-être
physical	physique
picturesque	pittoresque
1st/2nd/3rd place	la première/ deuxième/ troisième place
to play tennis/rugby/ football	jouer au tennis/ rugby/foot
I used to play	je jouais
we'll play	on jouera
pocket money	l'argent de poche (m)
polite	poli(e)
pretty	joli(e)
(sports) programme	une émission (de sport)
Protestant	protestant(e)

Q

queue	la queue
quick/quickly	vite
quiet	tranquille

R

It will rain.	Il pleuvra.
rarely	rarement
good results	de bonnes notes
That's not right.	Ce n'est pas vrai.

You're right.	Tu as raison.
rock-climbing	l'escalade (f)
a room (for)	une chambre (pour)
rubbish	nul

S

satellite TV	la télé-satellite
I/We saw	j'ai vu/on a vu
secondary school	le collège
the school day	la journée scolaire
seafood	les fruits de mer (m pl)
sea view	une vue sur la mer
short hair	les cheveux courts
a pair of shorts	un short
shower	la douche
I have a shower.	Je me douche.
I feel sick.	J'ai mal au cœur.
since	puisque, comme
situated	situé(e)
Sleep eight hours a night.	Dormez/Dors huit heures par nuit.
Don't smoke.	Ne fumez pas./Ne fume pas.
It will snow.	Il neigera.
so	donc
soap opera	une série
I've got a sore arm/foot/ throat.	J'ai mal au bras/au pied/à la gorge.
I speak to customers.	Je parle aux clients.
I will speak	je parlerai
special effects	les effets spéciaux (m pl)
to start to	commencer à
I've got stomach ache.	J'ai mal au ventre.
strike	la grève
stubborn	têtu(e)
my studies	mes études (f pl)
I got stung.	Je me suis fait piquer.
school subjects	les matières (f pl)
I got sunburnt.	J'ai pris un coup de soleil.
It will be sunny.	Il fera (du) soleil.
sweet	mignon(ne)
to swim	nager

T

to take place	avoir lieu
Taste/Try the (Norman food)!	Goûtez (la cuisine normande)!
teacher	le/la professeur
as part of a team	en équipe
my teddy bear	mon ours en peluche
I've got a temperature.	J'ai de la fièvre.
terrible	affreux(-euse)
then	puis
Is there …?	Est-ce qu'il y a …?
therefore	donc
I think that …	Je pense que …
I'm thirsty.	J'ai soif.
a thousand	mille
ticket	le billet
from time to time	de temps en temps
I'm tired.	Je suis fatigué(e).
today	aujourd'hui
tomorrow	demain

I/We took (the train/ bus).	J'ai pris/On a pris (le train/le bus).
I've got toothache.	J'ai mal aux dents.
I translate	je traduis
to try to	essayer de
twice a week	deux fois par semaine

U

to understand	comprendre
unforgettable	inoubliable
school uniform	l'uniforme scolaire (m)

V

I do the vacuum cleaning.	Je passe l'aspirateur.
Visit the (beautiful cathedral)!	Visitez (la belle cathédrale)!
to do voluntary work	faire du bénévolat

W

I/We waited	j'ai attendu/on a attendu
I wake up.	Je me réveille.
war film	un film de guerre
wasp	une guêpe
I used to watch	je regardais
I used to wear	je portais
we'll watch	on regardera
I/We watched	j'ai regardé/on a regardé
That's weird!	C'est bizarre!
I/We went	je suis allé(e)/on est allé(e)s
I/We went in	je suis entré(e)/on est entré(e)s
to win	gagner
It will be windy.	Il fera du vent.
with	avec
the world	le monde
I would like	je voudrais/ j'aimerais

Les Instructions

À deux.	In pairs.
À tour de rôle.	Take turns.
Cherche dans un dictionnaire/sur Internet.	Look in a dictionary/on the Internet.
Continue (l'histoire).	Continue (the story).
Copie et complète la grille.	Copy and complete the grid.
Copie les mots soulignés.	Copy the underlined words.
Corrige l'erreur.	Correct the mistake.
Décris (ta routine).	Describe (your daily routine).
Devine l'équivalent anglais.	Guess the English equivalent.
Discute les avantages et les inconvénients.	Discuss the pros and cons.
Donne ton opinion.	Give your opinion.
Écoute et lis.	Listen and read.
Écris (un résumé).	Write (a summary).
Écoute et répète.	Listen and repeat.
En groupes.	In groups.
Explique pourquoi	Explain why
Fais une phrase.	Make a sentence.
Fais un dialogue.	Make up a dialogue.
Imagine que tu es …	Imagine that you are …
Lis (l'article).	Read (the article).
Mémorise, répète, puis fais ta présentation.	Learn, practise and do your presentation.
Mets les (images) dans le bon ordre.	Put the (pictures) in the right order.
Note (les bonnes lettres).	Write down the (right letters).
Parle de (ton avenir).	Talk about (your future).
Pose une question à ton/ta partenaire.	Ask your partner a question.
Prépare une interview.	Prepare an interview.
Qui est-ce?	Who is it?
Réécris l'article.	Rewrite the article.
Regarde (le tableau).	Look at (the table).
Relie (les textes et les images).	Match up (the texts and the pictures).
Relis le texte.	Re-read the text.
Réponds aux questions.	Answer the questions.
Trouve la bonne fin.	Find the right ending.
Trouve les mots qui manquent.	Find the missing words.
Traduit les phrases.	Translate the sentences.
Utilise les informations.	Use the information.
Utilise ton imagination.	Use your imagination.
Vérifie tes réponses dans le glossaire.	Check your answers in the word list.
Vrai ou faux?	True or false?